The Family Garden Journal

A Keepsake of Daily Plans, Observations, and Harvests

This Journal Belongs To: _____

Year: _____

"In the new way of gardening there are four great helps, four things that will be of great assistance to the experienced gardener, and that are indispensable to the success of the beginner. They are the Planting Plan, the Planting Table, the Check List and the Garden Record."
—F. F. Rockwell, *Home Vegetable Gardening*

The Family Garden Journal

A Keepsake of Daily Plans, Observations, and Harvests

HOMESTEAD ON THE RANGE
ABUNDANT LIVING IN FLYOVER COUNTRY

Second edition copyright © 2016, 2015 by Michelle Lindsey

All rights reserved. No part of this work may be reproduced in any form or by any means, electronic or mechanical, including photocopying and recording, or by an information storage or retrieval system without the prior written permission of the copyright owner.

Published by Homestead on the Range
Derby, Kansas
www.homesteadontherange.com

Homestead on the Range is a Kansas-based small business dedicated to serving country living enthusiasts by supplying them with the innovative resources that they need to succeed. Whether your family's farm or ranch is 5 acres or 500, a business or a hobby, in Kansas or in some other part of the world, our goal is to keep you informed and inspired.

ISBN-10: 0-9975261-0-6
ISBN-13: 978-0-9975261-0-3

Table of Contents

Welcome to the World of Gardening!................................... 1
Planning... 11
Garden Map... 12
Planting Table... 14
Planting Schedule... 16
Garden Maintenance... 17
Planting Record.. 18
Plants... 21
Beneficial Insects... 31
Pests... 37
Diseases... 45
Recipes... 51
January.. 61
February.. 95
March... 127
April... 161
May.. 193
June... 227
July.. 259
August... 293
September.. 327
October... 359
November... 393
December... 425
Notes for Next Year... 459

Welcome to the World of Gardening!

Gardening has intrigued mankind throughout the ages. From the Garden of Eden to the culinary plots of medieval monasteries to the famous corn rows of the Native Americans, man has always gardened, and probably always will garden. However, in modern-day America, gardening has largely shifted its status from survival skill to popular pastime.

Part of the beauty of gardening is its flexibility. Extensive space is not required; the project can be as large or as small as necessary to suit any family's purpose. Even the apartment-dwelling family can adopt a few potted plants.

Here is a simple Step-by-Step Gardening Guide to help you plan and maintain a great garden:

Step 1

Take a moment to look at the "Planning" page of *The Family Garden Journal* and consider what you would like to grow. Would your artistic family like an ornamental herb garden or a rainbow of flowers? Is there a historic garden you would like to replicate, or do you want to try to re-create your grandmother's plot? How about a themed garden—a pizza garden, a salad garden, a butterfly garden? Or do you just want to grow the basics? If you have very young children, you may want to consider plants that grow quickly (radishes, squash), have big, easy-to-handle seeds (corn, peas, green beans), or are colorful (purple potatoes, anyone?).

Consider these popular, low-maintenance plants as a starting point:

- Cucumbers.
- Green beans.
- Nasturtiums.
- Onions (start with sets, not seeds).
- Peas.
- Peppers.
- Petunias.
- Radishes.
- Tomatoes.

Please bear in mind that not all plants will thrive in your area. Depending on where you live, you may need to choose varieties that are drought-tolerant, cold-hardy, or shade-loving, for example. Before spending money on rare flowers that won't survive long in your climate, make sure your selections are suitable for your area. Find a zone map in a gardening book, in a seed catalog, or at HomesteadOnTheRange.com/links-zone-and-frost-maps/. Then write your chosen plants on the shopping list on page 11.

Step 2

Research your selected plants and varieties to determine how much space they will need. This information can be found in the gardening books listed at the end of this introduction, but be sure to check your seed packets because planting instructions may vary somewhat between different varieties of the same plant. In general, though, tiny plants like radishes and carrots need only three inches of space between them; medium-sized plants like bush beans need four inches; and large plants like corn need a foot. Some plants will benefit from having more room devoted to them. Peppers, bush tomatoes, and summer squash will happily use up three square feet of space each. Vines, such as cucumbers and pumpkins, will overrun the garden if you let them, but will stay somewhat confined if trained to grow on a trellis or up a tepee of sticks or fence posts. Check the planting table on page 14 for more information.

Step 3

Sketch out a garden design on the garden map on page 12 and mark where you will plant everything. Be careful not to overwhelm yourself with vegetables, however—preserving large quantities of produce can be a herculean undertaking! It is best to start small. If you decide to continue gardening in future years, you can always expand as you get an idea of how much work is involved and how large of a harvest to expect. Mel Bartholomew, author of the popular and highly recommended *All New Square Foot Gardening*, recommends no more than a total of 27 square feet for each child and 48 square feet for each adult in the family. This is an excellent starting point.

Step 4

Determine the planting dates for each of your chosen crops and write them down on the planting schedule on page 16. Some seeds need to be started indoors safely out of the elements and then transplanted to the garden at a later date. Others can go directly into the ground. Your seed packets and favorite gardening resources should provide you with planting instructions. You will notice that safe planting dates are usually relative to the date of the last spring frost. This varies across the country, so check a frost map in a gardening book, in a seed catalog, or at HomesteadOnTheRange.com/links-zone-and-frost-maps/ to find out when the last frost occurs in your area. Planting date suggestions for several popular vegetables are provided in the planting table on page 14; however, your best source of information is your local extension center. Just be aware that the last frost rarely happens on the estimated frost date, and you may need to postpone some plantings if there is unseasonably cold weather in the forecast.

Step 5

Please note that tender young plants can't simply be transplanted into the garden without some time to adapt to life outdoors. This transition is called "hardening off." About two weeks before a plant is scheduled to be transplanted, set it out in a sheltered location for roughly an hour, and then bring it back inside. (Keep an eye on it, though; if it is wilting in the sun or being battered by the wind, go to its rescue.) The following day, let it stay outside for two hours. The next day, give it three hours, and so on until the plant is spending the entire day outdoors. At this point it will be acclimated to your climate and ready for transplanting. Keep it thoroughly watered after the big move and it should do well.

Step 6

Once you have some plants growing in the garden, visit them every day and provide them with whatever they need when they need it. If you see a weed, pull it right away. If the ground looks dry or the leaves look droopy, water your plants right away. If something is ready to harvest, pick it right away. Seed packets typically provide information on any special care required. When in doubt, consult your favorite gardening resources. Use the garden maintenance checklist on page 17 to make sure that you aren't forgetting anything and to help delegate responsibilities among several family members.

Step 7

To speed up the learning process, be sure to use the different reference and journal pages in this book. Write down things that you have discovered—planting schedules that worked well, vegetable varieties that tasted good, tricks that helped you keep pests out of your garden. Sketch your plants or glue photos and pressed flowers into the spaces provided in the journal. Turn to the back of the book periodically and write a few notes for next year on page 459. At the end of the year, you will be amazed at how much you have learned.

Step 8

If your family decides to continue gardening after the spring crop is harvested, pull out the frost map again and decide when to put in a fall crop. Most of the plants that went into the ground before the last frost and then withered in the summer heat are prime candidates for a second planting once the weather turns cool again. The last safe outdoor planting dates are provided in the planting table on page 14.

Are you hooked? Keep trying new ideas:

- Pot a few favorites and bring them indoors for the winter.
- Grow some perennial plants and look forward to their arrival each year.
- Draw up an even better garden for next spring.

If you start small, you will probably find gardening to be a very satisfying and rewarding project, one that both you and your children may continue for the rest of your lives.

Recommended Resources

As you gain gardening expertise, you will undoubtedly come across books and websites that you will rely on for information. To get started, consider some of these favorite resources:

Bartholomew, Mel. *All New Square Foot Gardening.* **2nd ed. Brentwood, TN: Cool Springs Press, 2013.**
Unique, user-friendly alternative to conventional row gardening. Perfect for beginners and those with limited space. For a review and link, visit HomesteadOnTheRange.com/all-new-square-foot-gardening/.

Bradley, Fern Marshall, Barbara Ellis, and Ellen Phillips. *Rodale's Ultimate Encyclopedia of Organic Gardening: The Indispensable Green Resource for Every Gardener.* **Emmaus, PA: Rodale Books, 2009.**
An old classic that keeps on going. Includes a wealth of information on growing fruits, vegetables, herbs, and ornamental plants—naturally. Whether you need to look up the needs of a specific plant or are interested in learning about a particular gardening technique, the A-to-Z organization makes this book easy to use. For a review and link, go to HomesteadOnTheRange.com/rodales-ultimate-encyclopedia-of-organic-gardening/.

HomesteadOnTheRange.com.
Our website features a constantly growing selection of guides, resources, and information to help you in all aspects of country living, including gardening. Check the list of guides in the footer for facts that will help you fill out the reference pages of this journal. Also, click on "Recommended" on the menu to see our quickly growing book catalog.

Rockwell, F.F. *Home Vegetable Gardening: A Complete and Practical Guide to the Planting and Care of All Vegetables, Fruits, and Berries Worth Growing For Home Use.* **New York, NY: Robert M. McBride & Company, 1917.**
Nearly a hundred years old, but still very applicable. Friendly start-to-finish approach. Available for free download from Project Gutenberg. You'll find a review and link at HomesteadOnTheRange.com/free-ebook-home-vegetable-gardening/.

Totilo, Rebecca Park. *The Christian Kids' Gardening Guide.* **San Diego, CA: Legacy Press, 2002.**
A fun way to introduce children to gardening. Everything they need to know to start their own garden, plus activities, recipes, devotionals, and four unique garden designs. Find a review and link at HomesteadOnTheRange.com/the-christian-kids-gardening-guide/.

Sample Journal Page

May 8

To Do
- [x] Plant summer squash
- [x] Water broccoli
- [x] Weed peas
- [x] Harvest lettuce
- [x] Set mousetraps
- [ ]
- [ ]
- [ ]

Radish ready for eating — also an opportunity to practice shading!

↑ hairy roots!

Observations: The peas at the north end of the garden look greener and healthier than the peas at the south end. Better soil drainage?

Looks like some of the blackberries are getting ready to flower.

Harvest Log

1 bag lettuce	12 radishes
handful of strawberries	

Notes: Definitely should continue to grow Butterhead lettuce.

Planning

To Do
- ☐ Choose plants/varieties
- ☐ Purchase seeds
- ☐ Draw garden design
- ☐ Schedule plantings
- ☐ _____
- ☐ _____
- ☐ _____
- ☐ _____

Shopping List

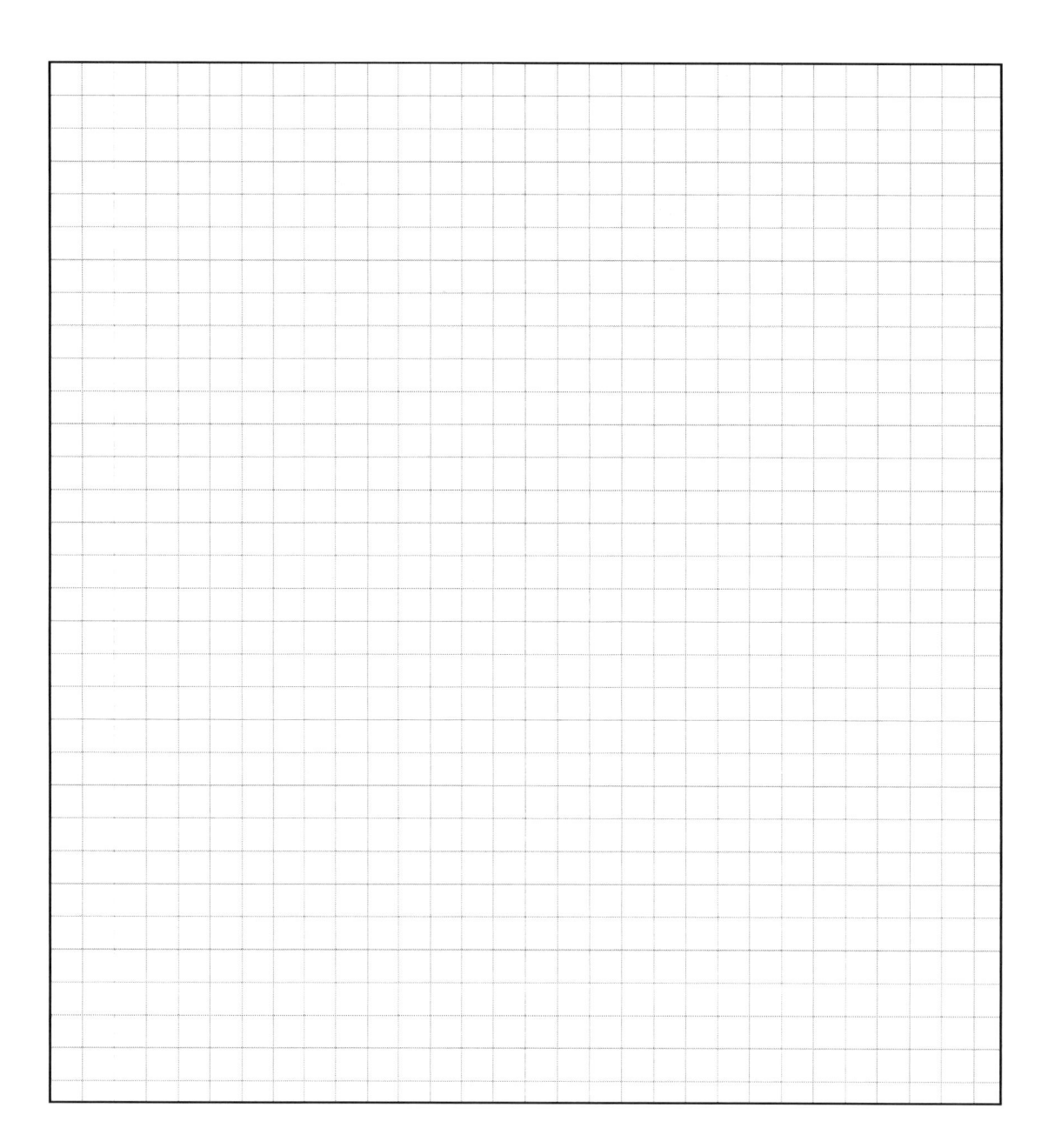

Garden Map

Scale: _____

Garden Map (cont.)

Notes:

Planting Table 2

Plant	First Indoor Planting	First Transplanting	First Outdoor Planting	Last Outdoor Planting	Plant Spacing	Planting Depth
Carrots	N/A	N/A	6 weeks before last spring frost	12 weeks before first fall frost	2–3"	1/2"
Corn	N/A	N/A	Immediately after last spring frost	4 months before first fall frost	8" dwarf 12–18" standard	1–2"
Cucumbers	N/A	N/A	1 week after last spring frost	N/A	6–8" on trellis 48" in hills	1/2–1"
Green beans	N/A	N/A	Immediately after last spring frost	2 months before first fall frost	3–4" bush 4–8" pole	1–2"
Lettuce	7 weeks before last spring frost	4 weeks before last spring frost	4 weeks before last spring frost	1 month before first fall frost	2–4"	1/4"
Peas	N/A	N/A	6 weeks before last spring frost	12 weeks before first fall frost	2–4"	2"
Peppers	7 weeks before last spring frost	2 weeks after last spring frost	N/A	N/A	18–24"	1/2"
Radishes	N/A	N/A	6 weeks before last spring frost	1 month before first fall frost	2–3"	1/2"
Squash (summer)	N/A	N/A	1 week after last spring frost	N/A	36" bush 24" vine	1"
Tomatoes	6 weeks before last spring frost	Immediately after last spring frost	N/A	N/A	18–36" bush 12" vine	1/2"

Plant	First Indoor Planting	First Transplanting	First Outdoor Planting	Last Outdoor Planting	Plant Spacing	Planting Depth

Planting Schedule

Last Spring Frost Date: _____   First Fall Frost Date: _____

Plant	Indoor Planting Date	Harden-Off Date	Transplant Date	Outdoor Planting Date

Garden Maintenance

Daily
- ☐ Harden off seedlings
- ☐ Water
- ☐ Weed
- ☐ Harvest
- ☐ Look for signs of pests
- ☐ Update records
- ☐ _____
- ☐ _____
- ☐ _____
- ☐ _____
- ☐ _____
- ☐ _____

Weekly
- ☐ Plant
- ☐ Transplant
- ☐ Thin seedlings
- ☐ Mulch
- ☐ Train climbing plants
- ☐ Trim or prune plants
- ☐ Clean up dead plants
- ☐ _____
- ☐ _____
- ☐ _____
- ☐ _____
- ☐ _____

Name	Responsibilities

Planting Record

Last Spring Frost Date: _____

First Fall Frost Date: _____

Plant	Planted Indoors	Hardened Off	Transplanted	Planted Outdoors	Harvest Began	Harvest Ended

Plant Name: _____

Scientific Name: _____
_____

Favorite Varieties: _____
_____
_____

Planting: _____
_____
_____
_____

Care: _____
_____
_____
_____

Harvest and Storage: _____
_____
_____
_____

Pests and Diseases: _____
_____
_____

Notes: _____
_____

Plant Name: _____

Scientific Name: _____
_____

Favorite Varieties: _____
_____
_____

Planting: _____
_____
_____
_____

Care: _____
_____
_____
_____

Harvest and Storage: _____
_____
_____
_____

Pests and Diseases: _____
_____
_____

Notes: _____
_____

Plant Name: _____

Scientific Name: _____
_____

Favorite Varieties: _____
_____
_____

Planting: _____
_____
_____
_____

Care: _____
_____
_____
_____

Harvest and Storage: _____
_____
_____
_____

Pests and Diseases: _____
_____
_____

Notes: _____
_____

Plant Name: _____

Scientific Name: _____
_____

Favorite Varieties: _____
_____
_____

Planting: _____
_____
_____
_____

Care: _____
_____
_____
_____

Harvest and Storage: _____
_____
_____
_____

Pests and Diseases: _____
_____
_____

Notes: _____
_____

Plant Name: _____

Scientific Name: _____
_____

Favorite Varieties: _____
_____
_____

Planting: _____
_____
_____
_____

Care: _____
_____
_____
_____

Harvest and Storage: _____
_____
_____
_____

Pests and Diseases: _____
_____
_____

Notes: _____
_____

Plant Name: _____

Scientific Name: _____
_____

Favorite Varieties: _____
_____
_____

Planting: _____
_____
_____
_____

Care: _____
_____
_____
_____

Harvest and Storage: _____
_____
_____
_____

Pests and Diseases: _____
_____
_____

Notes: _____
_____

Plant Name: _____

Scientific Name: _____
_____

Favorite Varieties: _____
_____
_____

Planting: _____
_____
_____
_____

Care: _____
_____
_____
_____

Harvest and Storage: _____
_____
_____
_____

Pests and Diseases: _____
_____
_____

Notes: _____
_____

Plant Name: _____

Scientific Name: _____
_____

Favorite Varieties: _____
_____
_____

Planting: _____
_____
_____
_____

Care: _____
_____
_____
_____

Harvest and Storage: _____
_____
_____
_____

Pests and Diseases: _____
_____
_____

Notes: _____
_____

Plant Name: _____

Scientific Name: _____
_____

Favorite Varieties: _____
_____
_____

Planting: _____
_____
_____
_____

Care: _____
_____
_____
_____

Harvest and Storage: _____
_____
_____
_____

Pests and Diseases: _____
_____
_____

Notes: _____
_____

Beneficial Insect Name: _____

Scientific Name: _____

Description: _____
_____
_____
_____

Habitat: _____
_____
_____

Diet: _____
_____

Life Cycle: _____
_____

Benefits: _____
_____
_____

Attracting: _____
_____
_____

Notes: _____
_____

Beneficial Insect Name: _____

Scientific Name: _____
_____

Description: _____
_____
_____
_____

Habitat: _____
_____
_____

Diet: _____
_____

Life Cycle: _____
_____

Benefits: _____
_____
_____

Attracting: _____
_____
_____

Notes: _____
_____

Beneficial Insect Name: _____

Scientific Name: _____

Description: _____

Habitat: _____

Diet: _____

Life Cycle: _____

Benefits: _____

Attracting: _____

Notes: _____

Beneficial Insect Name: _____

Scientific Name: _____
_____

Description: _____
_____
_____
_____

Habitat: _____
_____
_____

Diet: _____
_____

Life Cycle: _____
_____

Benefits: _____
_____
_____

Attracting: _____
_____
_____

Notes: _____
_____

Beneficial Insect Name: _____

Scientific Name: _____
_____

Description: _____
_____
_____
_____

Habitat: _____
_____
_____

Diet: _____
_____

Life Cycle: _____
_____

Benefits: _____
_____
_____

Attracting: _____
_____
_____

Notes: _____
_____

Pest Name: _____

Scientific Name: _____
_____

Description: _____
_____
_____
_____

Habitat: _____
_____
_____

Diet: _____
_____

Life Cycle: _____
_____

Prevention: _____
_____
_____

Control: _____
_____
_____

Notes: _____
_____

Pest Name: _____

Scientific Name: _____
_____

Description: _____
_____
_____
_____

Habitat: _____
_____
_____

Diet: _____
_____

Life Cycle: _____
_____

Prevention: _____
_____
_____

Control: _____
_____
_____

Notes: _____
_____

Pest Name: _____

Scientific Name: _____
_____

Description: _____
_____
_____
_____

Habitat: _____
_____
_____

Diet: _____
_____

Life Cycle: _____
_____

Prevention: _____
_____
_____

Control: _____
_____
_____

Notes: _____
_____

Pest Name: _____

Scientific Name: _____
_____

Description: _____
_____
_____
_____

Habitat: _____
_____
_____

Diet: _____
_____

Life Cycle: _____
_____

Prevention: _____
_____
_____

Control: _____
_____
_____

Notes: _____
_____

Pest Name: _____

Scientific Name: _____
_____

Description: _____
_____
_____
_____

Habitat: _____
_____
_____

Diet: _____
_____

Life Cycle: _____
_____

Prevention: _____
_____
_____

Control: _____
_____
_____

Notes: _____
_____

Pest Name: _____

Scientific Name: _____
_____

Description: _____
_____
_____
_____

Habitat: _____
_____
_____
_____

Diet: _____
_____

Life Cycle: _____
_____

Prevention: _____
_____
_____

Control: _____
_____
_____

Notes: _____
_____

Pest Name: _____

Scientific Name: _____
_____

Description: _____
_____
_____
_____

Habitat: _____
_____
_____

Diet: _____
_____

Life Cycle: _____
_____

Prevention: _____
_____
_____

Control: _____
_____
_____

Notes: _____
_____

Disease Name: _____

Plants Affected: _____
_____
_____
_____

Symptoms: _____
_____
_____
_____
_____

Causes: _____
_____
_____

Prevention: _____
_____
_____
_____

Treatment: _____
_____
_____
_____

Notes: _____
_____

Disease Name: _____

Plants Affected: _____
_____
_____
_____
_____

Symptoms: _____
_____
_____
_____
_____

Causes: _____
_____
_____

Prevention: _____
_____
_____
_____

Treatment: _____
_____
_____
_____

Notes: _____
_____

Disease Name: _____

Plants Affected: _____
_____
_____
_____
_____

Symptoms: _____
_____
_____
_____
_____

Causes: _____
_____
_____

Prevention: _____
_____
_____
_____

Treatment: _____
_____
_____
_____

Notes: _____
_____

Disease Name: _____

Plants Affected: _____
_____
_____
_____
_____

Symptoms: _____
_____
_____
_____
_____

Causes: _____
_____
_____

Prevention: _____
_____
_____
_____

Treatment: _____
_____
_____
_____

Notes: _____
_____

Disease Name: _____

Plants Affected: _____
_____
_____
_____
_____

Symptoms: _____
_____
_____
_____
_____

Causes: _____
_____
_____

Prevention: _____
_____
_____
_____

Treatment: _____
_____
_____
_____

Notes: _____
_____

Recipe Name: _____

Featured Plants: _____

Ingredients

_____   _____
_____   _____
_____   _____
_____   _____
_____   _____
_____   _____
_____   _____

Directions: _____
_____
_____
_____
_____
_____
_____
_____
_____
_____
_____
_____
_____
_____
_____

Notes: _____
_____

Recipe Name: _____

Featured Plants: _____

Ingredients

_____   _____
_____   _____
_____   _____
_____   _____
_____   _____
_____   _____
_____   _____

Directions: _____
_____
_____
_____
_____
_____
_____
_____
_____
_____
_____
_____
_____
_____

Notes: _____
_____

Recipe Name: _____

Featured Plants: _____

Ingredients

_____ _____
_____ _____
_____ _____
_____ _____
_____ _____
_____ _____
_____ _____

Directions: _____
_____
_____
_____
_____
_____
_____
_____
_____
_____
_____
_____
_____
_____

Notes: _____
_____

Recipe Name: _____

Featured Plants: _____

Ingredients

_____   _____
_____   _____
_____   _____
_____   _____
_____   _____
_____   _____
_____   _____

Directions: _____
_____
_____
_____
_____
_____
_____
_____
_____
_____
_____
_____

Notes: _____
_____

Recipe Name: _____

Featured Plants: _____

Ingredients

_____ _____
_____ _____
_____ _____
_____ _____
_____ _____
_____ _____
_____ _____

Directions: _____
_____
_____
_____
_____
_____
_____
_____
_____
_____
_____
_____
_____
_____

Notes: _____
_____

Recipe Name: _____

Featured Plants: _____

Ingredients

_____   _____
_____   _____
_____   _____
_____   _____
_____   _____
_____   _____
_____   _____

Directions: _____
_____
_____
_____
_____
_____
_____
_____
_____
_____
_____
_____
_____

Notes: _____
_____

Recipe Name: _____

Featured Plants: _____

Ingredients

_____ _____
_____ _____
_____ _____
_____ _____
_____ _____
_____ _____
_____ _____

Directions: _____
_____
_____
_____
_____
_____
_____
_____
_____
_____
_____
_____
_____

Notes: _____
_____

Recipe Name: _____

Featured Plants: _____

Ingredients

_____   _____
_____   _____
_____   _____
_____   _____
_____   _____
_____   _____
_____   _____

Directions: _____
_____
_____
_____
_____
_____
_____
_____
_____
_____
_____
_____
_____

Notes: _____
_____

Recipe Name: _____

Featured Plants: _____

Ingredients

_____   _____
_____   _____
_____   _____
_____   _____
_____   _____
_____   _____
_____   _____

Directions: _____
_____
_____
_____
_____
_____
_____
_____
_____
_____
_____
_____
_____

Notes: _____
_____

❄ *January* ❄

January 1

To Do

- ☐ _____
- ☐ _____
- ☐ _____
- ☐ _____
- ☐ _____
- ☐ _____
- ☐ _____
- ☐ _____

Observations: _____

> "'I wonder,' she said slowly, 'if it would not do him good to go out into a garden and watch things growing. It did me good.'"
> —Frances Hodgson Burnett, *The Secret Garden*

Harvest Log

Notes: _____

January 2

To Do

- [ ] _____
- [ ] _____
- [ ] _____
- [ ] _____
- [ ] _____
- [ ] _____
- [ ] _____
- [ ] _____

Observations: _____
_____
_____
_____
_____
_____
_____

Harvest Log

_____	_____
_____	_____
_____	_____
_____	_____

Notes: _____
_____
_____

January 3

To Do

- [ ] _____
- [ ] _____
- [ ] _____
- [ ] _____
- [ ] _____
- [ ] _____
- [ ] _____
- [ ] _____

Observations: _____

Harvest Log

Notes: _____

January 4

To Do

- [ ] _____
- [ ] _____
- [ ] _____
- [ ] _____
- [ ] _____
- [ ] _____
- [ ] _____
- [ ] _____

Observations: _____
_____
_____
_____
_____
_____
_____

Harvest Log

_____	_____
_____	_____
_____	_____
_____	_____
_____	_____

Notes: _____
_____
_____

January 5

To Do

- [ ] _____
- [ ] _____
- [ ] _____
- [ ] _____
- [ ] _____
- [ ] _____
- [ ] _____
- [ ] _____

Observations: _____
_____
_____
_____
_____
_____
_____

Harvest Log

_____	_____
_____	_____
_____	_____
_____	_____
_____	_____

Notes: _____
_____
_____

January 6

To Do

- [ ] _____
- [ ] _____
- [ ] _____
- [ ] _____
- [ ] _____
- [ ] _____
- [ ] _____
- [ ] _____

Observations: _____
_____
_____

Tip
Buy your seeds well before it is time to plant—you will need the information on the packet when you plan.

Harvest Log

_____	_____
_____	_____
_____	_____
_____	_____

Notes: _____
_____
_____

January 7

To Do

- [ ]
- [ ]
- [ ]
- [ ]
- [ ]
- [ ]
- [ ]
- [ ]

Observations:

Harvest Log

Notes:

January 8

To Do

- [ ] _____
- [ ] _____
- [ ] _____
- [ ] _____
- [ ] _____
- [ ] _____
- [ ] _____
- [ ] _____

Observations: _____
_____
_____
_____
_____
_____
_____

Harvest Log

_____	_____
_____	_____
_____	_____
_____	_____
_____	_____

Notes: _____
_____
_____

January 9

To Do
- [ ]
- [ ]
- [ ]
- [ ]
- [ ]
- [ ]
- [ ]
- [ ]

Observations: _____

Harvest Log

Notes: _____

January 10

To Do

- [ ] _____
- [ ] _____
- [ ] _____
- [ ] _____
- [ ] _____
- [ ] _____
- [ ] _____
- [ ] _____

Observations: _____

Harvest Log

Notes: _____

January 11

To Do

- [ ] _____
- [ ] _____
- [ ] _____
- [ ] _____
- [ ] _____
- [ ] _____
- [ ] _____
- [ ] _____

Observations: _____

_____

Tip
Always store your seeds someplace cool and dry and away from sunlight.

Harvest Log

_____   _____
_____   _____
_____   _____
_____   _____
_____   _____

Notes: _____

January 12

To Do

- [ ] _____
- [ ] _____
- [ ] _____
- [ ] _____
- [ ] _____
- [ ] _____
- [ ] _____
- [ ] _____

Observations: _____
_____
_____
_____
_____
_____
_____

Harvest Log

_____	_____
_____	_____
_____	_____
_____	_____
_____	_____

Notes: _____
_____
_____

January 13

To Do
- [ ]
- [ ]
- [ ]
- [ ]
- [ ]
- [ ]
- [ ]
- [ ]

Observations: _____

Harvest Log

Notes: _____

January 14

To Do

- [ ] _____
- [ ] _____
- [ ] _____
- [ ] _____
- [ ] _____
- [ ] _____
- [ ] _____
- [ ] _____

Observations: _____

Harvest Log

Notes: _____

January 15

To Do

- [ ]
- [ ]
- [ ]
- [ ]
- [ ]
- [ ]
- [ ]
- [ ]

Observations: _____

Harvest Log

Notes: _____

January 16

To Do

- [ ] _____
- [ ] _____
- [ ] _____
- [ ] _____
- [ ] _____
- [ ] _____
- [ ] _____
- [ ] _____

Observations: _____
_____
_____
_____

> "Nothing is more the child of art than a garden."
> —Sir Walter Scott

Harvest Log

_____ _____
_____ _____
_____ _____
_____ _____
_____ _____

Notes: _____
_____
_____

January 17

To Do

- [ ] _____
- [ ] _____
- [ ] _____
- [ ] _____
- [ ] _____
- [ ] _____
- [ ] _____
- [ ] _____

Observations: _____

Harvest Log

Notes: _____

January 18

To Do

- [ ] _____
- [ ] _____
- [ ] _____
- [ ] _____
- [ ] _____
- [ ] _____
- [ ] _____
- [ ] _____

Observations: _____

Harvest Log

Notes: _____

January 19

To Do

- [ ] _____
- [ ] _____
- [ ] _____
- [ ] _____
- [ ] _____
- [ ] _____
- [ ] _____
- [ ] _____

Observations: _____

Harvest Log

Notes: _____

January 20

To Do

- [ ] _____
- [ ] _____
- [ ] _____
- [ ] _____
- [ ] _____
- [ ] _____
- [ ] _____
- [ ] _____

Observations: _____

Harvest Log

Notes: _____

January 21

To Do

- [ ] _____
- [ ] _____
- [ ] _____
- [ ] _____
- [ ] _____
- [ ] _____
- [ ] _____
- [ ] _____

Observations: _____
_____
_____
_____
_____
_____
_____

> **Tip**
> Don't spend money on wooden plant markers—buy craft sticks instead.

Harvest Log

_____	_____
_____	_____
_____	_____
_____	_____
_____	_____

Notes: _____
_____
_____

January 22

To Do

- [ ] _____
- [ ] _____
- [ ] _____
- [ ] _____
- [ ] _____
- [ ] _____
- [ ] _____
- [ ] _____

Observations: _____
_____
_____
_____
_____
_____

Harvest Log

_____	_____
_____	_____
_____	_____
_____	_____

Notes: _____
_____
_____

January 23

To Do

- [ ] _____
- [ ] _____
- [ ] _____
- [ ] _____
- [ ] _____
- [ ] _____
- [ ] _____
- [ ] _____

Observations: _____

Harvest Log

Notes: _____

January 24

To Do

- [ ] _____
- [ ] _____
- [ ] _____
- [ ] _____
- [ ] _____
- [ ] _____
- [ ] _____
- [ ] _____

Observations: _____
_____
_____
_____
_____
_____
_____

Harvest Log

_____	_____
_____	_____
_____	_____
_____	_____
_____	_____

Notes: _____
_____
_____

January 25

To Do

- [ ] _____
- [ ] _____
- [ ] _____
- [ ] _____
- [ ] _____
- [ ] _____
- [ ] _____
- [ ] _____

Observations: _____

Harvest Log

Notes: _____

January 26

To Do

- [ ] _____
- [ ] _____
- [ ] _____
- [ ] _____
- [ ] _____
- [ ] _____
- [ ] _____
- [ ] _____

Observations: _____
_____

Tip
Disposable plastic cups with drainage holes punched in the bottom make good pots for seedlings.

_____
_____
_____
_____

Harvest Log

_____	_____
_____	_____
_____	_____
_____	_____
_____	_____

Notes: _____
_____
_____

January 27

To Do

- [ ] _____
- [ ] _____
- [ ] _____
- [ ] _____
- [ ] _____
- [ ] _____
- [ ] _____
- [ ] _____
- [ ] _____

Observations: _____

_____
_____
_____
_____
_____
_____

Harvest Log

_____   _____
_____   _____
_____   _____
_____   _____
_____   _____

Notes: _____

_____
_____

January 28

To Do

- [ ] _____
- [ ] _____
- [ ] _____
- [ ] _____
- [ ] _____
- [ ] _____
- [ ] _____
- [ ] _____

Observations: _____

_____

_____

_____

_____

_____

Harvest Log

Notes: _____

_____

_____

January 29

To Do
- [ ]
- [ ]
- [ ]
- [ ]
- [ ]
- [ ]
- [ ]
- [ ]

Observations: _____

_____

_____

_____

_____

_____

_____

Harvest Log

_____   _____
_____   _____
_____   _____
_____   _____
_____   _____

Notes: _____

_____

_____

January 30

To Do

- [ ] _____
- [ ] _____
- [ ] _____
- [ ] _____
- [ ] _____
- [ ] _____
- [ ] _____
- [ ] _____

Observations: _____

Harvest Log

Notes: _____

January 31

To Do

- [ ] _____
- [ ] _____
- [ ] _____
- [ ] _____
- [ ] _____
- [ ] _____
- [ ] _____
- [ ] _____

Observations: _____

> "This garden business is a matter of common sense; and the man, or the woman, who has learned by experience how to do a thing, whether it is cornering the market or growing cabbages, naturally does it better than the one who has not."
> —F.F. Rockwell, *Home Vegetable Gardening*

Harvest Log

Notes: _____

February

February 1

To Do

☐ _____
☐ _____
☐ _____
☐ _____
☐ _____
☐ _____
☐ _____
☐ _____

Observations: _____
_____
_____
_____
_____
_____
_____

Harvest Log

_____   _____
_____   _____
_____   _____
_____   _____
_____   _____

Notes: _____
_____
_____

February 2

To Do

- [ ] _____
- [ ] _____
- [ ] _____
- [ ] _____
- [ ] _____
- [ ] _____
- [ ] _____
- [ ] _____

Observations: _____

Harvest Log

Notes: _____

February 3

To Do

- [ ] _____
- [ ] _____
- [ ] _____
- [ ] _____
- [ ] _____
- [ ] _____
- [ ] _____
- [ ] _____

Observations: _____

Harvest Log

Notes: _____

February 4

To Do

- [ ] _____
- [ ] _____
- [ ] _____
- [ ] _____
- [ ] _____
- [ ] _____
- [ ] _____
- [ ] _____

Observations: _____

Harvest Log

Notes: _____

February 5

To Do

- [ ]
- [ ]
- [ ]
- [ ]
- [ ]
- [ ]
- [ ]
- [ ]

Observations:

Harvest Log

Notes:

February 6

To Do

- [ ] _____
- [ ] _____
- [ ] _____
- [ ] _____
- [ ] _____
- [ ] _____
- [ ] _____
- [ ] _____

Observations: _____

Tip
Keep seedlings near a window for warmth and light.

Harvest Log

Notes: _____

February 7

To Do

- [ ]
- [ ]
- [ ]
- [ ]
- [ ]
- [ ]
- [ ]
- [ ]

Observations: _____

Harvest Log

Notes: _____

February 8

To Do

- [ ] _____
- [ ] _____
- [ ] _____
- [ ] _____
- [ ] _____
- [ ] _____
- [ ] _____
- [ ] _____

Observations: _____
_____
_____
_____
_____
_____
_____

Harvest Log

_____	_____
_____	_____
_____	_____
_____	_____

Notes: _____
_____
_____

February 9

To Do

- [ ] _____
- [ ] _____
- [ ] _____
- [ ] _____
- [ ] _____
- [ ] _____
- [ ] _____
- [ ] _____

Observations: _____

Tip
Use scissors to thin extra seedlings without disturbing the others.

Harvest Log

Notes: _____

February 10

To Do

- [ ] _____
- [ ] _____
- [ ] _____
- [ ] _____
- [ ] _____
- [ ] _____
- [ ] _____
- [ ] _____

Observations: _____
_____
_____
_____
_____
_____
_____

Harvest Log

_____	_____
_____	_____
_____	_____
_____	_____
_____	_____

Notes: _____
_____
_____

February 11

To Do

☐ _____
☐ _____
☐ _____
☐ _____
☐ _____
☐ _____
☐ _____
☐ _____

Observations: _____

Harvest Log

Notes: _____

February 12

To Do

- [ ] _____
- [ ] _____
- [ ] _____
- [ ] _____
- [ ] _____
- [ ] _____
- [ ] _____
- [ ] _____

Observations: _____
_____
_____
_____
_____
_____
_____

Harvest Log

_____	_____
_____	_____
_____	_____
_____	_____
_____	_____

Notes: _____
_____
_____

February 13

To Do

- [ ] _____
- [ ] _____
- [ ] _____
- [ ] _____
- [ ] _____
- [ ] _____
- [ ] _____
- [ ] _____

Observations: _____

_____
_____
_____
_____
_____
_____

Harvest Log

_____   _____
_____   _____
_____   _____
_____   _____
_____   _____

Notes: _____
_____
_____

February 14

To Do

- [ ] _____
- [ ] _____
- [ ] _____
- [ ] _____
- [ ] _____
- [ ] _____
- [ ] _____
- [ ] _____

Observations: _____
_____
_____
_____
_____
_____
_____

Harvest Log

_____	_____
_____	_____
_____	_____
_____	_____
_____	_____

Notes: _____
_____
_____

February 15

To Do

- [ ]
- [ ]
- [ ]
- [ ]
- [ ]
- [ ]
- [ ]
- [ ]

Observations:

Harvest Log

Notes:

February 16

To Do

- [ ] _____
- [ ] _____
- [ ] _____
- [ ] _____
- [ ] _____
- [ ] _____
- [ ] _____
- [ ] _____
- [ ] _____

Observations: _____
_____
_____
_____

> "Too old to plant trees for my own gratification, I shall do it for my posterity."
> —Thomas Jefferson

Harvest Log

Notes: _____

February 17

To Do

- [ ]
- [ ]
- [ ]
- [ ]
- [ ]
- [ ]
- [ ]
- [ ]

Observations:

Harvest Log

Notes:

February 18

To Do

- [ ] _____
- [ ] _____
- [ ] _____
- [ ] _____
- [ ] _____
- [ ] _____
- [ ] _____
- [ ] _____
- [ ] _____

Observations: _____

Harvest Log

Notes: _____

February 19

To Do

- [ ] _____
- [ ] _____
- [ ] _____
- [ ] _____
- [ ] _____
- [ ] _____
- [ ] _____
- [ ] _____

Observations: _____

Tip
If some of your indoor plantings fail to sprout, new ones can usually be planted up to two weeks later and still mature in time for a good harvest.

Harvest Log

Notes: _____

February 20

To Do

- [ ] _____
- [ ] _____
- [ ] _____
- [ ] _____
- [ ] _____
- [ ] _____
- [ ] _____
- [ ] _____

Observations: _____
_____
_____
_____
_____
_____
_____

Harvest Log

_____	_____
_____	_____
_____	_____
_____	_____

Notes: _____
_____
_____

February 21

To Do

- [ ] _____
- [ ] _____
- [ ] _____
- [ ] _____
- [ ] _____
- [ ] _____
- [ ] _____
- [ ] _____

Observations: _____

Harvest Log

Notes: _____

February 22

To Do

- [ ] _____
- [ ] _____
- [ ] _____
- [ ] _____
- [ ] _____
- [ ] _____
- [ ] _____
- [ ] _____

Observations: _____
_____
_____
_____
_____
_____
_____

Harvest Log

_____	_____
_____	_____
_____	_____
_____	_____
_____	_____

Notes: _____
_____
_____

February 23

To Do

- [ ] _____
- [ ] _____
- [ ] _____
- [ ] _____
- [ ] _____
- [ ] _____
- [ ] _____
- [ ] _____

Observations: _____

_____
_____
_____
_____
_____
_____

Harvest Log

_____   _____
_____   _____
_____   _____
_____   _____

Notes: _____
_____
_____

February 24

To Do

- [ ] _____
- [ ] _____
- [ ] _____
- [ ] _____
- [ ] _____
- [ ] _____
- [ ] _____
- [ ] _____

Observations: _____
_____
_____
_____
_____
_____

Harvest Log

_____	_____
_____	_____
_____	_____
_____	_____

Notes: _____
_____
_____

February 25

To Do

- [ ] _____
- [ ] _____
- [ ] _____
- [ ] _____
- [ ] _____
- [ ] _____
- [ ] _____
- [ ] _____

Observations: _____

Harvest Log

Notes: _____

February 26

To Do

- [ ] _____
- [ ] _____
- [ ] _____
- [ ] _____
- [ ] _____
- [ ] _____
- [ ] _____
- [ ] _____

Observations: _____

Tip
Choose a sheltered location for hardening off plants.

Harvest Log

Notes: _____

February 27

To Do

- [ ] _____
- [ ] _____
- [ ] _____
- [ ] _____
- [ ] _____
- [ ] _____
- [ ] _____
- [ ] _____

Observations: _____

_____
_____
_____
_____
_____
_____

Harvest Log

_____	_____
_____	_____
_____	_____
_____	_____
_____	_____

Notes: _____

_____
_____

February 28

To Do

- [ ] _____
- [ ] _____
- [ ] _____
- [ ] _____
- [ ] _____
- [ ] _____
- [ ] _____
- [ ] _____

Observations: _____
_____
_____
_____
_____
_____
_____

Harvest Log

_____	_____
_____	_____
_____	_____
_____	_____
_____	_____

Notes: _____
_____
_____

February 29

To Do

- [ ] _____
- [ ] _____
- [ ] _____
- [ ] _____
- [ ] _____
- [ ] _____
- [ ] _____
- [ ] _____

Observations: _____

_____
_____
_____
_____
_____

Harvest Log

_____   _____
_____   _____
_____   _____
_____   _____

Notes: _____
_____
_____

March

March 1

To Do

- [ ] _____
- [ ] _____
- [ ] _____
- [ ] _____
- [ ] _____
- [ ] _____
- [ ] _____
- [ ] _____
- [ ] _____

Observations: _____

> "Your first job is to prepare the soil. The best tool for this is your neighbor's garden tiller. If your neighbor does not own a garden tiller, suggest that he buy one."
> —Dave Barry

Harvest Log

Notes: _____

March 2

To Do

- [ ] _____
- [ ] _____
- [ ] _____
- [ ] _____
- [ ] _____
- [ ] _____
- [ ] _____
- [ ] _____

Observations: _____
_____
_____
_____
_____
_____
_____

Harvest Log

_____	_____
_____	_____
_____	_____
_____	_____
_____	_____

Notes: _____
_____
_____

March 3

To Do

- [ ] _____
- [ ] _____
- [ ] _____
- [ ] _____
- [ ] _____
- [ ] _____
- [ ] _____
- [ ] _____

Observations: _____

Harvest Log

Notes: _____

March 4

To Do

- [ ] _____
- [ ] _____
- [ ] _____
- [ ] _____
- [ ] _____
- [ ] _____
- [ ] _____
- [ ] _____

Observations: _____
_____
_____
_____
_____
_____

Harvest Log

_____	_____
_____	_____
_____	_____
_____	_____

Notes: _____
_____
_____

March 5

To Do

- [ ] _____
- [ ] _____
- [ ] _____
- [ ] _____
- [ ] _____
- [ ] _____
- [ ] _____
- [ ] _____

Observations: _____

Harvest Log

Notes: _____

March 6

To Do

- [ ] _____
- [ ] _____
- [ ] _____
- [ ] _____
- [ ] _____
- [ ] _____
- [ ] _____
- [ ] _____

Observations: _____

Tip
Never till a heavy soil unless completely dry or it will harden into clumps.

Harvest Log

Notes: _____

March 7

To Do

- [ ]
- [ ]
- [ ]
- [ ]
- [ ]
- [ ]
- [ ]
- [ ]

Observations: _____

Harvest Log

Notes: _____

March 8

To Do

- [ ] _____
- [ ] _____
- [ ] _____
- [ ] _____
- [ ] _____
- [ ] _____
- [ ] _____
- [ ] _____

Observations: _____
_____
_____
_____
_____
_____
_____

Harvest Log

_____	_____
_____	_____
_____	_____
_____	_____
_____	_____

Notes: _____
_____
_____

March 9

To Do

- [ ] _____
- [ ] _____
- [ ] _____
- [ ] _____
- [ ] _____
- [ ] _____
- [ ] _____
- [ ] _____

Observations: _____

Harvest Log

Notes: _____

March 10

To Do

- [ ] _____
- [ ] _____
- [ ] _____
- [ ] _____
- [ ] _____
- [ ] _____
- [ ] _____
- [ ] _____

Observations: _____
_____
_____
_____
_____
_____
_____

Harvest Log

_____	_____
_____	_____
_____	_____
_____	_____
_____	_____

Notes: _____
_____
_____

March 11

To Do

- [ ] _____
- [ ] _____
- [ ] _____
- [ ] _____
- [ ] _____
- [ ] _____
- [ ] _____
- [ ] _____

Observations: _____

Tip
Use mulch sparingly early in the spring—it can keep sunlight from warming the soil.

Harvest Log

Notes: _____

March 12

To Do

- [ ] _____
- [ ] _____
- [ ] _____
- [ ] _____
- [ ] _____
- [ ] _____
- [ ] _____
- [ ] _____

Observations: _____
_____
_____
_____
_____
_____
_____

Harvest Log

_____	_____
_____	_____
_____	_____
_____	_____
_____	_____

Notes: _____
_____
_____

March 13

To Do

☐ _____
☐ _____
☐ _____
☐ _____
☐ _____
☐ _____
☐ _____
☐ _____

Observations: _____
_____
_____
_____
_____
_____
_____

Harvest Log

_____   _____
_____   _____
_____   _____
_____   _____
_____   _____

Notes: _____
_____
_____

March 14

To Do

- [ ] _____
- [ ] _____
- [ ] _____
- [ ] _____
- [ ] _____
- [ ] _____
- [ ] _____
- [ ] _____

Observations: _____
_____
_____
_____
_____
_____

Harvest Log

_____	_____
_____	_____
_____	_____
_____	_____
_____	_____

Notes: _____
_____
_____

March 15

To Do

- [ ] _____
- [ ] _____
- [ ] _____
- [ ] _____
- [ ] _____
- [ ] _____
- [ ] _____
- [ ] _____

Observations: _____
_____
_____
_____
_____
_____
_____

Harvest Log

Notes: _____
_____
_____

March 16

To Do

- [ ] _____
- [ ] _____
- [ ] _____
- [ ] _____
- [ ] _____
- [ ] _____
- [ ] _____
- [ ] _____

Observations: _____
_____
_____

> "God Almighty first planted a garden. And indeed, it is the purest of human pleasures."
> —Sir Francis Bacon

Harvest Log

Notes: _____
_____
_____

March 17

To Do
- [ ] _____
- [ ] _____
- [ ] _____
- [ ] _____
- [ ] _____
- [ ] _____
- [ ] _____
- [ ] _____

Observations: _____
_____
_____
_____
_____
_____
_____

Harvest Log

_____   _____
_____   _____
_____   _____
_____   _____
_____   _____

Notes: _____
_____
_____

March 18

To Do

- [ ] _____
- [ ] _____
- [ ] _____
- [ ] _____
- [ ] _____
- [ ] _____
- [ ] _____
- [ ] _____

Observations: _____
_____
_____
_____
_____
_____
_____

Harvest Log

_____	_____
_____	_____
_____	_____
_____	_____
_____	_____

Notes: _____
_____
_____

March 19

To Do

- [ ] _____
- [ ] _____
- [ ] _____
- [ ] _____
- [ ] _____
- [ ] _____
- [ ] _____
- [ ] _____

Observations: _____
_____
_____
_____
_____
_____
_____

Harvest Log

_____	_____
_____	_____
_____	_____
_____	_____
_____	_____

Notes: _____
_____
_____

March 20

To Do

- [ ] _____
- [ ] _____
- [ ] _____
- [ ] _____
- [ ] _____
- [ ] _____
- [ ] _____
- [ ] _____

Observations: _____
_____
_____
_____
_____
_____
_____

Harvest Log

_____	_____
_____	_____
_____	_____
_____	_____
_____	_____

Notes: _____
_____
_____

March 21

To Do
- [ ] _____
- [ ] _____
- [ ] _____
- [ ] _____
- [ ] _____
- [ ] _____
- [ ] _____
- [ ] _____

Observations: _____

Tip
The soil must be loose and completely free of rocks for root crops to grow properly.

Harvest Log

Notes: _____

March 22

To Do

- [ ] _____
- [ ] _____
- [ ] _____
- [ ] _____
- [ ] _____
- [ ] _____
- [ ] _____
- [ ] _____

Observations: _____

Harvest Log

Notes: _____

March 23

To Do

- [ ] _____
- [ ] _____
- [ ] _____
- [ ] _____
- [ ] _____
- [ ] _____
- [ ] _____
- [ ] _____

Observations: _____

Harvest Log

Notes: _____

March 24

To Do

- [ ] _____
- [ ] _____
- [ ] _____
- [ ] _____
- [ ] _____
- [ ] _____
- [ ] _____
- [ ] _____

Observations: _____

Harvest Log

Notes: _____

March 25

To Do

- [ ]
- [ ]
- [ ]
- [ ]
- [ ]
- [ ]
- [ ]
- [ ]

Observations: _____

Harvest Log

Notes: _____

March 26

To Do

- [ ] _____
- [ ] _____
- [ ] _____
- [ ] _____
- [ ] _____
- [ ] _____
- [ ] _____
- [ ] _____

Observations: _____

> **Tip**
> The ideal planting depth is typically about three times the diameter of the seed.

Harvest Log

Notes: _____

March 27

To Do

- [ ]
- [ ]
- [ ]
- [ ]
- [ ]
- [ ]
- [ ]
- [ ]

Observations:

Harvest Log

Notes:

March 28

To Do

- [ ] _____
- [ ] _____
- [ ] _____
- [ ] _____
- [ ] _____
- [ ] _____
- [ ] _____
- [ ] _____

Observations: _____
_____
_____
_____
_____
_____
_____

Harvest Log

_____	_____
_____	_____
_____	_____
_____	_____

Notes: _____
_____
_____

March 29

To Do

- [ ] _____
- [ ] _____
- [ ] _____
- [ ] _____
- [ ] _____
- [ ] _____
- [ ] _____
- [ ] _____

Observations: _____

Harvest Log

Notes: _____

March 30

To Do

- [ ] _____
- [ ] _____
- [ ] _____
- [ ] _____
- [ ] _____
- [ ] _____
- [ ] _____
- [ ] _____

Observations: _____
_____
_____
_____
_____
_____
_____

Harvest Log

Notes: _____
_____
_____

March 31

To Do

- [ ]
- [ ]
- [ ]
- [ ]
- [ ]
- [ ]
- [ ]
- [ ]

Observations: _____

> "'If I have a spade,' she whispered, 'I can make the earth nice and soft and dig up weeds. If I have seeds and can make flowers grow the garden won't be dead at all—it will come alive.'"
> —Frances Hodgson Burnett, *The Secret Garden*

Harvest Log

Notes: _____

April

April 1

To Do

- [ ] _____
- [ ] _____
- [ ] _____
- [ ] _____
- [ ] _____
- [ ] _____
- [ ] _____
- [ ] _____

Observations: _____

Harvest Log

Notes: _____

April 2

To Do

- [ ] _____
- [ ] _____
- [ ] _____
- [ ] _____
- [ ] _____
- [ ] _____
- [ ] _____
- [ ] _____

Observations: _____
_____
_____
_____
_____
_____
_____

Harvest Log

_____	_____
_____	_____
_____	_____
_____	_____
_____	_____

Notes: _____
_____
_____

April 3

To Do

- [ ] _____
- [ ] _____
- [ ] _____
- [ ] _____
- [ ] _____
- [ ] _____
- [ ] _____
- [ ] _____

Observations: _____

_____
_____
_____
_____
_____
_____

Harvest Log

_____   _____
_____   _____
_____   _____
_____   _____
_____   _____

Notes: _____
_____
_____

April 4

To Do

- [ ] _____
- [ ] _____
- [ ] _____
- [ ] _____
- [ ] _____
- [ ] _____
- [ ] _____
- [ ] _____

Observations: _____

Harvest Log

Notes: _____

April 5

To Do

- [ ]
- [ ]
- [ ]
- [ ]
- [ ]
- [ ]
- [ ]
- [ ]

Observations:

Harvest Log

Notes:

April 6

To Do

- [ ] _____
- [ ] _____
- [ ] _____
- [ ] _____
- [ ] _____
- [ ] _____
- [ ] _____
- [ ] _____

Observations: _____

> **Tip**
> Shape a shallow bowl in the soil around each transplant to trap moisture.

Harvest Log

Notes: _____

April 7

To Do

- [ ] _____
- [ ] _____
- [ ] _____
- [ ] _____
- [ ] _____
- [ ] _____
- [ ] _____
- [ ] _____

Observations: _____

Harvest Log

Notes: _____

April 8

To Do

☐ _____
☐ _____
☐ _____
☐ _____
☐ _____
☐ _____
☐ _____
☐ _____

Observations: _____
_____
_____
_____
_____
_____
_____

Harvest Log

_____   _____
_____   _____
_____   _____
_____   _____
_____   _____

Notes: _____
_____
_____

April 9

To Do

- [ ] _____
- [ ] _____
- [ ] _____
- [ ] _____
- [ ] _____
- [ ] _____
- [ ] _____
- [ ] _____

Observations: _____
_____
_____
_____
_____
_____
_____

> **Tip**
> As temperatures rise, use more mulch to smother weeds and conserve moisture.

Harvest Log

_____   _____
_____   _____
_____   _____
_____   _____
_____   _____

Notes: _____
_____
_____

April 10

To Do

- [ ] _____
- [ ] _____
- [ ] _____
- [ ] _____
- [ ] _____
- [ ] _____
- [ ] _____
- [ ] _____

Observations: _____

Harvest Log

Notes: _____

April 11

To Do

- [ ]
- [ ]
- [ ]
- [ ]
- [ ]
- [ ]
- [ ]
- [ ]

Observations:

Harvest Log

Notes:

April 12

To Do

- [ ] _____
- [ ] _____
- [ ] _____
- [ ] _____
- [ ] _____
- [ ] _____
- [ ] _____
- [ ] _____

Observations: _____

Harvest Log

Notes: _____

April 13

To Do

- [ ] _____
- [ ] _____
- [ ] _____
- [ ] _____
- [ ] _____
- [ ] _____
- [ ] _____
- [ ] _____

Observations: _____

Harvest Log

Notes: _____

April 14

To Do

- [ ] _____
- [ ] _____
- [ ] _____
- [ ] _____
- [ ] _____
- [ ] _____
- [ ] _____
- [ ] _____

Observations: _____
_____
_____
_____
_____
_____
_____

Harvest Log

_____	_____
_____	_____
_____	_____
_____	_____
_____	_____

Notes: _____
_____
_____

April 15

To Do

- [ ] _____
- [ ] _____
- [ ] _____
- [ ] _____
- [ ] _____
- [ ] _____
- [ ] _____
- [ ] _____

Observations: _____

Harvest Log

Notes: _____

April 16

To Do

- [ ] _____
- [ ] _____
- [ ] _____
- [ ] _____
- [ ] _____
- [ ] _____
- [ ] _____
- [ ] _____

Observations: _____
_____
_____

> "Mistress Mary always felt that however many years she lived she should never forget that first morning when her garden began to grow."
> —Frances Hodgson Burnett, *The Secret Garden*

Harvest Log

Notes: _____
_____
_____

April 17

To Do

- [ ] _____
- [ ] _____
- [ ] _____
- [ ] _____
- [ ] _____
- [ ] _____
- [ ] _____
- [ ] _____

Observations: _____

_____
_____
_____
_____
_____
_____

Harvest Log

_____   _____
_____   _____
_____   _____
_____   _____
_____   _____

Notes: _____

_____
_____

April 18

To Do

- [ ] _____
- [ ] _____
- [ ] _____
- [ ] _____
- [ ] _____
- [ ] _____
- [ ] _____
- [ ] _____

Observations: _____

Harvest Log

Notes: _____

April 19

To Do
- ☐ _____
- ☐ _____
- ☐ _____
- ☐ _____
- ☐ _____
- ☐ _____
- ☐ _____
- ☐ _____
- ☐ _____

Observations: _____

> **Tip**
> Provide support for vines and large, bushy plants while they are still small and easy to train.

Harvest Log

Notes: _____

April 20

To Do

- [ ] _____
- [ ] _____
- [ ] _____
- [ ] _____
- [ ] _____
- [ ] _____
- [ ] _____
- [ ] _____

Observations: _____

Harvest Log

Notes: _____

April 21

To Do

- [ ] _____
- [ ] _____
- [ ] _____
- [ ] _____
- [ ] _____
- [ ] _____
- [ ] _____
- [ ] _____

Observations: _____

_____
_____
_____
_____
_____
_____

Harvest Log

_____   _____
_____   _____
_____   _____
_____   _____
_____   _____

Notes: _____
_____
_____

April 22

To Do

- [ ] _____
- [ ] _____
- [ ] _____
- [ ] _____
- [ ] _____
- [ ] _____
- [ ] _____
- [ ] _____

Observations: _____

Harvest Log

Notes: _____

April 23

To Do

- ☐ _____
- ☐ _____
- ☐ _____
- ☐ _____
- ☐ _____
- ☐ _____
- ☐ _____
- ☐ _____

Observations: _____

_____

_____

_____

_____

_____

_____

Harvest Log

Notes: _____

April 24

To Do

- [ ] _____
- [ ] _____
- [ ] _____
- [ ] _____
- [ ] _____
- [ ] _____
- [ ] _____
- [ ] _____

Observations: _____
_____
_____
_____
_____
_____
_____

Harvest Log

_____	_____
_____	_____
_____	_____
_____	_____
_____	_____

Notes: _____
_____
_____

April 25

To Do

- [ ]
- [ ]
- [ ]
- [ ]
- [ ]
- [ ]
- [ ]
- [ ]

Observations: _____

Harvest Log

Notes: _____

April 26

To Do

- [ ] _____
- [ ] _____
- [ ] _____
- [ ] _____
- [ ] _____
- [ ] _____
- [ ] _____
- [ ] _____

Observations: _____

Tip
Weed, hoe, and mulch regularly to keep the weeds at bay.

Harvest Log

Notes: _____

April 27

To Do

- [ ] _____
- [ ] _____
- [ ] _____
- [ ] _____
- [ ] _____
- [ ] _____
- [ ] _____
- [ ] _____

Observations: _____

Harvest Log

Notes: _____

April 28

To Do

- [ ] _____
- [ ] _____
- [ ] _____
- [ ] _____
- [ ] _____
- [ ] _____
- [ ] _____
- [ ] _____

Observations: _____
_____
_____
_____
_____
_____
_____

Harvest Log

_____	_____
_____	_____
_____	_____
_____	_____
_____	_____

Notes: _____
_____
_____

April 29

To Do

- ☐ _____
- ☐ _____
- ☐ _____
- ☐ _____
- ☐ _____
- ☐ _____
- ☐ _____
- ☐ _____

Observations: _____

> "If the call of the soil is in your veins, if your fingers (and your brain) in the springtime itch to have a part in earth's ever-wonderful renascence, if your lips part at the thought of the white, firm, toothsome flesh of a ripened-on-the-tree red apple—then you must have a home orchard without delay."
> —F. F. Rockwell, *Home Vegetable Gardening*

Harvest Log

Notes: _____

April 30

To Do

- [ ] _____
- [ ] _____
- [ ] _____
- [ ] _____
- [ ] _____
- [ ] _____
- [ ] _____
- [ ] _____

Observations: _____
_____
_____
_____
_____
_____
_____

Harvest Log

_____	_____
_____	_____
_____	_____
_____	_____

Notes: _____
_____
_____

May

May 1

To Do

- [ ] _____
- [ ] _____
- [ ] _____
- [ ] _____
- [ ] _____
- [ ] _____
- [ ] _____
- [ ] _____

Observations: _____

Harvest Log

Notes: _____

May 2

To Do

- [ ] _____
- [ ] _____
- [ ] _____
- [ ] _____
- [ ] _____
- [ ] _____
- [ ] _____
- [ ] _____

Observations: _____

Harvest Log

Notes: _____

May 3

To Do

- [ ] _____
- [ ] _____
- [ ] _____
- [ ] _____
- [ ] _____
- [ ] _____
- [ ] _____
- [ ] _____

Observations: _____

_____
_____
_____
_____
_____

Harvest Log

_____ _____
_____ _____
_____ _____
_____ _____
_____ _____

Notes: _____
_____
_____

May 4

To Do

- [ ] _____
- [ ] _____
- [ ] _____
- [ ] _____
- [ ] _____
- [ ] _____
- [ ] _____
- [ ] _____

Observations: _____
_____
_____
_____
_____
_____
_____

Harvest Log

_____	_____
_____	_____
_____	_____
_____	_____
_____	_____

Notes: _____
_____
_____

May 5

To Do

- [ ] _____
- [ ] _____
- [ ] _____
- [ ] _____
- [ ] _____
- [ ] _____
- [ ] _____
- [ ] _____

Observations: _____

Harvest Log

Notes: _____

May 6

To Do

- [ ] _____
- [ ] _____
- [ ] _____
- [ ] _____
- [ ] _____
- [ ] _____
- [ ] _____
- [ ] _____

Observations: _____

Tip
Infrequent but deep waterings encourage a healthy root system in fruit crops.

Harvest Log

Notes: _____

May 7

To Do

- [ ] _____
- [ ] _____
- [ ] _____
- [ ] _____
- [ ] _____
- [ ] _____
- [ ] _____
- [ ] _____

Observations: _____

_____

_____

_____

_____

_____

Harvest Log

_____ _____

_____ _____

_____ _____

_____ _____

Notes: _____

_____

_____

May 8

To Do

- [ ]
- [ ]
- [ ]
- [ ]
- [ ]
- [ ]
- [ ]
- [ ]

Observations: _____

Harvest Log

Notes: _____

May 9

To Do

- [ ] _____
- [ ] _____
- [ ] _____
- [ ] _____
- [ ] _____
- [ ] _____
- [ ] _____
- [ ] _____

Observations: _____

Tip
A dusting of diatomaceous earth is an effective natural remedy for most insect pests.

Harvest Log

Notes: _____

May 10

To Do

- [ ] _____
- [ ] _____
- [ ] _____
- [ ] _____
- [ ] _____
- [ ] _____
- [ ] _____
- [ ] _____

Observations: _____

Harvest Log

Notes: _____

May 11

To Do

- [ ]
- [ ]
- [ ]
- [ ]
- [ ]
- [ ]
- [ ]
- [ ]

Observations: _____

Harvest Log

Notes: _____

May 12

To Do

- [ ] _____
- [ ] _____
- [ ] _____
- [ ] _____
- [ ] _____
- [ ] _____
- [ ] _____
- [ ] _____

Observations: _____

_____

_____

_____

_____

_____

Harvest Log

_____	_____
_____	_____
_____	_____
_____	_____

Notes: _____

_____

_____

May 13

To Do
- ☐ _____
- ☐ _____
- ☐ _____
- ☐ _____
- ☐ _____
- ☐ _____
- ☐ _____
- ☐ _____

Observations: _____

Harvest Log

Notes: _____

May 14

To Do

- [ ] _____
- [ ] _____
- [ ] _____
- [ ] _____
- [ ] _____
- [ ] _____
- [ ] _____
- [ ] _____

Observations: _____
_____
_____
_____
_____
_____
_____

Harvest Log

_____	_____
_____	_____
_____	_____
_____	_____
_____	_____

Notes: _____
_____
_____

May 15

To Do

- [ ] _____
- [ ] _____
- [ ] _____
- [ ] _____
- [ ] _____
- [ ] _____
- [ ] _____
- [ ] _____

Observations: _____

Harvest Log

Notes: _____

May 16

To Do

- [ ] _____
- [ ] _____
- [ ] _____
- [ ] _____
- [ ] _____
- [ ] _____
- [ ] _____
- [ ] _____

Observations: _____

> "Give me odorous at sunrise a garden of beautiful flowers where I can walk undisturbed."
> —Walt Whitman

Harvest Log

Notes: _____

May 17

To Do

- [ ]
- [ ]
- [ ]
- [ ]
- [ ]
- [ ]
- [ ]
- [ ]

Observations:

Harvest Log

Notes:

May 18

To Do

- [ ] _____
- [ ] _____
- [ ] _____
- [ ] _____
- [ ] _____
- [ ] _____
- [ ] _____
- [ ] _____
- [ ] _____

Observations: _____
_____
_____
_____
_____
_____
_____

Harvest Log

_____   _____
_____   _____
_____   _____
_____   _____
_____   _____

Notes: _____
_____
_____

May 19

To Do

- [ ] _____
- [ ] _____
- [ ] _____
- [ ] _____
- [ ] _____
- [ ] _____
- [ ] _____
- [ ] _____

Observations: _____
_____
_____
_____
_____
_____

Tip
Be prepared to water your plants more often as the weather heats up.

Harvest Log

_____   _____
_____   _____
_____   _____
_____   _____
_____   _____

Notes: _____
_____
_____

May 20

To Do

- [ ] _____
- [ ] _____
- [ ] _____
- [ ] _____
- [ ] _____
- [ ] _____
- [ ] _____
- [ ] _____

Observations: _____
_____
_____
_____
_____
_____
_____

Harvest Log

_____	_____
_____	_____
_____	_____
_____	_____
_____	_____

Notes: _____
_____
_____

May 21

To Do

- [ ]
- [ ]
- [ ]
- [ ]
- [ ]
- [ ]
- [ ]
- [ ]

Observations:

Harvest Log

Notes:

May 22

To Do

- [ ] _____
- [ ] _____
- [ ] _____
- [ ] _____
- [ ] _____
- [ ] _____
- [ ] _____
- [ ] _____

Observations: _____
_____
_____
_____
_____
_____
_____

Harvest Log

_____   _____
_____   _____
_____   _____
_____   _____

Notes: _____
_____
_____

May 23

To Do

- [ ]
- [ ]
- [ ]
- [ ]
- [ ]
- [ ]
- [ ]
- [ ]

Observations: _____

Harvest Log

Notes: _____

May 24

To Do

- [ ] _____
- [ ] _____
- [ ] _____
- [ ] _____
- [ ] _____
- [ ] _____
- [ ] _____
- [ ] _____

Observations: _____

Harvest Log

Notes: _____

May 25

To Do

- [ ]
- [ ]
- [ ]
- [ ]
- [ ]
- [ ]
- [ ]
- [ ]

Observations:

Harvest Log

Notes:

May 26

To Do

- [ ] _____
- [ ] _____
- [ ] _____
- [ ] _____
- [ ] _____
- [ ] _____
- [ ] _____
- [ ] _____
- [ ] _____

Observations: _____
_____
_____

> **Tip**
> You can extend the life of cool-season plants by covering them with shade cloth.

Harvest Log

_____   _____
_____   _____
_____   _____
_____   _____

Notes: _____
_____
_____

May 27

To Do
- [ ]
- [ ]
- [ ]
- [ ]
- [ ]
- [ ]
- [ ]
- [ ]

Observations: _____

Harvest Log

Notes: _____

May 28

To Do

- [ ] _____
- [ ] _____
- [ ] _____
- [ ] _____
- [ ] _____
- [ ] _____
- [ ] _____
- [ ] _____

Observations: _____

Harvest Log

Notes: _____

May 29

To Do

- [ ] _____
- [ ] _____
- [ ] _____
- [ ] _____
- [ ] _____
- [ ] _____
- [ ] _____
- [ ] _____

Observations: _____

> "When I go into the garden with a spade, and dig a bed, I feel such an exhilaration and health that I discover that I have been defrauding myself all this time in letting others do for me what I should have done with my own hands."
> —Ralph Waldo Emerson

Harvest Log

Notes: _____

May 30

To Do

- [ ] _____
- [ ] _____
- [ ] _____
- [ ] _____
- [ ] _____
- [ ] _____
- [ ] _____
- [ ] _____

Observations: _____

Harvest Log

Notes: _____

May 31

To Do

- [ ]
- [ ]
- [ ]
- [ ]
- [ ]
- [ ]
- [ ]
- [ ]
- [ ]

Observations:

Harvest Log

Notes:

June

June 1

To Do

- [ ] _____
- [ ] _____
- [ ] _____
- [ ] _____
- [ ] _____
- [ ] _____
- [ ] _____
- [ ] _____

Observations: _____

_____
_____
_____
_____
_____
_____

Harvest Log

_____	_____
_____	_____
_____	_____
_____	_____
_____	_____

Notes: _____
_____
_____

June 2

To Do

- [ ] _____
- [ ] _____
- [ ] _____
- [ ] _____
- [ ] _____
- [ ] _____
- [ ] _____
- [ ] _____

Observations: _____
_____
_____
_____
_____
_____
_____

Harvest Log

_____	_____
_____	_____
_____	_____
_____	_____

Notes: _____
_____
_____

June 3

To Do

- [ ] _____
- [ ] _____
- [ ] _____
- [ ] _____
- [ ] _____
- [ ] _____
- [ ] _____
- [ ] _____

Observations: _____
_____
_____
_____
_____
_____
_____

Harvest Log

_____	_____
_____	_____
_____	_____
_____	_____
_____	_____

Notes: _____
_____
_____

June 4

To Do

- [ ] _____
- [ ] _____
- [ ] _____
- [ ] _____
- [ ] _____
- [ ] _____
- [ ] _____
- [ ] _____

Observations: _____
_____

> **Tip**
> Throw pulled weeds out of the garden area or on top of thick mulch to keep them from growing again.

Harvest Log

_____	_____
_____	_____
_____	_____
_____	_____

Notes: _____
_____

June 5

To Do

- [ ] _____
- [ ] _____
- [ ] _____
- [ ] _____
- [ ] _____
- [ ] _____
- [ ] _____
- [ ] _____

Observations: _____

Harvest Log

Notes: _____

June 6

To Do

- [ ] _____
- [ ] _____
- [ ] _____
- [ ] _____
- [ ] _____
- [ ] _____
- [ ] _____
- [ ] _____

Observations: _____

Harvest Log

Notes: _____

June 7

To Do

- [ ] _____
- [ ] _____
- [ ] _____
- [ ] _____
- [ ] _____
- [ ] _____
- [ ] _____
- [ ] _____

Observations: _____

Harvest Log

Notes: _____

June 8

To Do

- [ ] _____
- [ ] _____
- [ ] _____
- [ ] _____
- [ ] _____
- [ ] _____
- [ ] _____
- [ ] _____

Observations: _____
_____
_____
_____
_____
_____
_____

Harvest Log

_____	_____
_____	_____
_____	_____
_____	_____

Notes: _____
_____
_____

June 9

To Do

- [ ] _____
- [ ] _____
- [ ] _____
- [ ] _____
- [ ] _____
- [ ] _____
- [ ] _____
- [ ] _____
- [ ] _____

Observations: _____
_____
_____
_____
_____
_____
_____

Tip
Start planning your fall crop in early summer.

Harvest Log

_____   _____
_____   _____
_____   _____
_____   _____
_____   _____

Notes: _____
_____
_____

June 10

To Do

- [ ] _____
- [ ] _____
- [ ] _____
- [ ] _____
- [ ] _____
- [ ] _____
- [ ] _____
- [ ] _____

Observations: _____
_____
_____
_____
_____
_____
_____

Harvest Log

_____	_____
_____	_____
_____	_____
_____	_____

Notes: _____
_____
_____

June 11

To Do

- [ ]
- [ ]
- [ ]
- [ ]
- [ ]
- [ ]
- [ ]
- [ ]

Observations: _____

Harvest Log

Notes: _____

June 12

To Do

- [ ] _____
- [ ] _____
- [ ] _____
- [ ] _____
- [ ] _____
- [ ] _____
- [ ] _____
- [ ] _____

Observations: _____
_____
_____
_____
_____
_____
_____

Harvest Log

_____   _____
_____   _____
_____   _____
_____   _____

Notes: _____
_____
_____

June 13

To Do
- ☐ _____
- ☐ _____
- ☐ _____
- ☐ _____
- ☐ _____
- ☐ _____
- ☐ _____
- ☐ _____

Observations: _____

Harvest Log

Notes: _____

June 14

To Do

- [ ] _____
- [ ] _____
- [ ] _____
- [ ] _____
- [ ] _____
- [ ] _____
- [ ] _____
- [ ] _____

Observations: _____
_____
_____

> "It is a golden maxim to cultivate the garden for the nose, and the eyes will take care of themselves."
> —Robert Louis Stevenson

Harvest Log

Notes: _____
_____
_____

June 15

To Do

- [ ] _____
- [ ] _____
- [ ] _____
- [ ] _____
- [ ] _____
- [ ] _____
- [ ] _____
- [ ] _____

Observations: _____

Harvest Log

Notes: _____

June 16

To Do

- [ ] _____
- [ ] _____
- [ ] _____
- [ ] _____
- [ ] _____
- [ ] _____
- [ ] _____
- [ ] _____

Observations: _____
_____
_____
_____
_____
_____
_____

Harvest Log

_____	_____
_____	_____
_____	_____
_____	_____
_____	_____

Notes: _____
_____
_____

June 17

To Do

- [ ] _____
- [ ] _____
- [ ] _____
- [ ] _____
- [ ] _____
- [ ] _____
- [ ] _____
- [ ] _____

Observations: _____

Harvest Log

Notes: _____

June 18

To Do

- [ ] _____
- [ ] _____
- [ ] _____
- [ ] _____
- [ ] _____
- [ ] _____
- [ ] _____
- [ ] _____

Observations: _____
_____
_____
_____
_____
_____
_____

Harvest Log

_____	_____
_____	_____
_____	_____
_____	_____
_____	_____

Notes: _____
_____
_____

June 19

To Do

- [ ] _____
- [ ] _____
- [ ] _____
- [ ] _____
- [ ] _____
- [ ] _____
- [ ] _____
- [ ] _____

Observations: _____

Tip
Wet grass clippings do not allow enough airflow to make good mulch or compost—let them dry in the sun before use.

Harvest Log

Notes: _____

June 20

To Do

- [ ] _____
- [ ] _____
- [ ] _____
- [ ] _____
- [ ] _____
- [ ] _____
- [ ] _____
- [ ] _____

Observations: _____
_____
_____
_____
_____
_____
_____

Harvest Log

_____	_____
_____	_____
_____	_____
_____	_____

Notes: _____
_____
_____

June 21

To Do

- [ ] _____
- [ ] _____
- [ ] _____
- [ ] _____
- [ ] _____
- [ ] _____
- [ ] _____
- [ ] _____

Observations: _____
_____
_____
_____
_____
_____
_____

Harvest Log

_____	_____
_____	_____
_____	_____
_____	_____
_____	_____

Notes: _____
_____
_____

June 22

To Do

- [ ] _____
- [ ] _____
- [ ] _____
- [ ] _____
- [ ] _____
- [ ] _____
- [ ] _____
- [ ] _____

Observations: _____

Harvest Log

Notes: _____

June 23

To Do

- [ ] _____
- [ ] _____
- [ ] _____
- [ ] _____
- [ ] _____
- [ ] _____
- [ ] _____
- [ ] _____

Observations: _____

_____
_____
_____
_____
_____
_____
_____

Harvest Log

_____	_____
_____	_____
_____	_____
_____	_____
_____	_____

Notes: _____

_____
_____

June 24

To Do

- [ ] _____
- [ ] _____
- [ ] _____
- [ ] _____
- [ ] _____
- [ ] _____
- [ ] _____
- [ ] _____

Observations: _____

Tip
Remove any suspicious-looking plant matter from the garden to avoid the spread of disease.

Harvest Log

Notes: _____

June 25

To Do

- [ ] _____
- [ ] _____
- [ ] _____
- [ ] _____
- [ ] _____
- [ ] _____
- [ ] _____
- [ ] _____

Observations: _____
_____
_____
_____
_____
_____
_____
_____

Harvest Log

_____	_____
_____	_____
_____	_____
_____	_____
_____	_____

Notes: _____
_____
_____

June 26

To Do

- [ ] _____
- [ ] _____
- [ ] _____
- [ ] _____
- [ ] _____
- [ ] _____
- [ ] _____
- [ ] _____

Observations: _____

Harvest Log

Notes: _____

June 27

To Do

- [ ] _____
- [ ] _____
- [ ] _____
- [ ] _____
- [ ] _____
- [ ] _____
- [ ] _____
- [ ] _____

Observations: _____

Harvest Log

Notes: _____

June 28

To Do

- [ ] _____
- [ ] _____
- [ ] _____
- [ ] _____
- [ ] _____
- [ ] _____
- [ ] _____
- [ ] _____

Observations: _____
_____
_____
_____
_____
_____
_____

Harvest Log

_____	_____
_____	_____
_____	_____
_____	_____

Notes: _____
_____
_____

June 29

To Do

- [ ] _____
- [ ] _____
- [ ] _____
- [ ] _____
- [ ] _____
- [ ] _____
- [ ] _____
- [ ] _____
- [ ] _____

Observations: _____

> "Give me a sunny garden patch in the golden springtime, when the trees are picking out their new gowns, in all the various self-colored delicate grays and greens...give me seeds to watch as they find the light, plants to tend as they take hold in the fine, loose, rich soil, and you may have the other sports."
> —F.F. Rockwell, *Home Vegetable Gardening*

Harvest Log

Notes: _____

June 30

To Do

- [ ] _____
- [ ] _____
- [ ] _____
- [ ] _____
- [ ] _____
- [ ] _____
- [ ] _____
- [ ] _____

Observations: _____
_____
_____
_____
_____
_____

Harvest Log

_____ _____
_____ _____
_____ _____
_____ _____

Notes: _____
_____
_____

July

July 1

To Do

- [ ] _____
- [ ] _____
- [ ] _____
- [ ] _____
- [ ] _____
- [ ] _____
- [ ] _____
- [ ] _____

Observations: _____

_____
_____
_____
_____
_____
_____

Harvest Log

_____	_____
_____	_____
_____	_____
_____	_____
_____	_____

Notes: _____

_____
_____

July 2

To Do

- [ ] _____
- [ ] _____
- [ ] _____
- [ ] _____
- [ ] _____
- [ ] _____
- [ ] _____
- [ ] _____

Observations: _____
_____
_____
_____
_____
_____
_____

Harvest Log

_____	_____
_____	_____
_____	_____
_____	_____

Notes: _____
_____
_____

July 3

To Do

- [ ]
- [ ]
- [ ]
- [ ]
- [ ]
- [ ]
- [ ]
- [ ]

Observations: _____

_____

_____

_____

_____

_____

_____

Harvest Log

_____

_____

_____

_____

_____

Notes: _____

_____

_____

July 4

To Do

☐ _____
☐ _____
☐ _____
☐ _____
☐ _____
☐ _____
☐ _____
☐ _____

Observations: _____
_____
_____

> **Tip**
> A heavy insect infestation may mean that your plants need more water.

Harvest Log

_____   _____
_____   _____
_____   _____
_____   _____

Notes: _____
_____
_____

July 5

To Do

- [ ] _____
- [ ] _____
- [ ] _____
- [ ] _____
- [ ] _____
- [ ] _____
- [ ] _____
- [ ] _____

Observations: _____

Harvest Log

Notes: _____

July 6

To Do

- [ ] _____
- [ ] _____
- [ ] _____
- [ ] _____
- [ ] _____
- [ ] _____
- [ ] _____
- [ ] _____

Observations: _____
_____
_____
_____
_____
_____

Harvest Log

_____	_____
_____	_____
_____	_____
_____	_____

Notes: _____
_____
_____

July 7

To Do
- [ ]
- [ ]
- [ ]
- [ ]
- [ ]
- [ ]
- [ ]
- [ ]

Observations:

Harvest Log

Notes:

July 8

To Do

- [ ] _____
- [ ] _____
- [ ] _____
- [ ] _____
- [ ] _____
- [ ] _____
- [ ] _____
- [ ] _____

Observations: _____
_____
_____
_____
_____
_____
_____

Harvest Log

_____	_____
_____	_____
_____	_____
_____	_____
_____	_____

Notes: _____
_____
_____

July 9

To Do

- [ ]
- [ ]
- [ ]
- [ ]
- [ ]
- [ ]
- [ ]
- [ ]

Observations: _____

Tip
Do not throw away spoiled produce; start a compost pile instead.

Harvest Log

Notes: _____

268

July 10

To Do

- [ ] _____
- [ ] _____
- [ ] _____
- [ ] _____
- [ ] _____
- [ ] _____
- [ ] _____
- [ ] _____

Observations: _____

Harvest Log

Notes: _____

July 11

To Do

- [ ]
- [ ]
- [ ]
- [ ]
- [ ]
- [ ]
- [ ]
- [ ]

Observations: _____

Harvest Log

Notes: _____

July 12

To Do

- [ ] _____
- [ ] _____
- [ ] _____
- [ ] _____
- [ ] _____
- [ ] _____
- [ ] _____
- [ ] _____

Observations: _____
_____
_____
_____
_____
_____

Harvest Log

_____	_____
_____	_____
_____	_____
_____	_____

Notes: _____
_____
_____

July 13

To Do

- [ ] _____
- [ ] _____
- [ ] _____
- [ ] _____
- [ ] _____
- [ ] _____
- [ ] _____
- [ ] _____

Observations: _____

Harvest Log

Notes: _____

July 14

To Do

☐ _____
☐ _____
☐ _____
☐ _____
☐ _____
☐ _____
☐ _____
☐ _____

Observations: _____
_____

> "I come to the garden alone
> While the dew is still on the roses
> And the voice I hear falling on my ear
> The Son of God discloses."
> —C. Austin Miles, "In the Garden"

Harvest Log

_____   _____
_____   _____
_____   _____
_____   _____
_____   _____

Notes: _____
_____
_____

July 15

To Do

- [ ]
- [ ]
- [ ]
- [ ]
- [ ]
- [ ]
- [ ]
- [ ]

Observations: _____

_____

Harvest Log

Notes: _____

July 16

To Do

- [ ] _____
- [ ] _____
- [ ] _____
- [ ] _____
- [ ] _____
- [ ] _____
- [ ] _____
- [ ] _____

Observations: _____
_____
_____
_____
_____
_____

Harvest Log

_____   _____
_____   _____
_____   _____
_____   _____

Notes: _____
_____
_____

July 17

To Do

- [ ] _____
- [ ] _____
- [ ] _____
- [ ] _____
- [ ] _____
- [ ] _____
- [ ] _____
- [ ] _____

Observations: _____

_____
_____
_____
_____
_____
_____

Harvest Log

Notes: _____

July 18

To Do
- [ ]
- [ ]
- [ ]
- [ ]
- [ ]
- [ ]
- [ ]
- [ ]

Observations: _____

Harvest Log

Notes: _____

July 19

To Do

- [ ]
- [ ]
- [ ]
- [ ]
- [ ]
- [ ]
- [ ]
- [ ]

Observations: _____

___

Tip
If insects are not too much of a problem, let some of your plants go to seed and plant the late crop for you.

Harvest Log

___

Notes: ___

July 20

To Do

- [ ] _____
- [ ] _____
- [ ] _____
- [ ] _____
- [ ] _____
- [ ] _____
- [ ] _____
- [ ] _____

Observations: _____
_____
_____
_____
_____
_____
_____

Harvest Log

_____   _____
_____   _____
_____   _____
_____   _____
_____   _____

Notes: _____
_____
_____

July 21

To Do

- [ ] _____
- [ ] _____
- [ ] _____
- [ ] _____
- [ ] _____
- [ ] _____
- [ ] _____
- [ ] _____

Observations: _____

_____
_____
_____
_____
_____
_____

Harvest Log

_____   _____
_____   _____
_____   _____
_____   _____
_____   _____

Notes: _____
_____
_____

July 22

To Do

- [ ] _____
- [ ] _____
- [ ] _____
- [ ] _____
- [ ] _____
- [ ] _____
- [ ] _____
- [ ] _____
- [ ] _____

Observations: _____
_____
_____
_____
_____
_____

Harvest Log

_____	_____
_____	_____
_____	_____
_____	_____

Notes: _____
_____
_____

July 23

To Do

- [ ]
- [ ]
- [ ]
- [ ]
- [ ]
- [ ]
- [ ]
- [ ]

Observations:

Harvest Log

Notes:

July 24

To Do

- [ ] _____
- [ ] _____
- [ ] _____
- [ ] _____
- [ ] _____
- [ ] _____
- [ ] _____
- [ ] _____

Observations: _____

> **Tip**
> Cool-weather seeds do not germinate as well in warm weather, so you may need to use more seeds when planting a fall crop.

Harvest Log

Notes: _____

July 25

To Do

- [ ]
- [ ]
- [ ]
- [ ]
- [ ]
- [ ]
- [ ]
- [ ]

Observations: _____

Harvest Log

Notes: _____

July 26

To Do

- [ ] _____
- [ ] _____
- [ ] _____
- [ ] _____
- [ ] _____
- [ ] _____
- [ ] _____
- [ ] _____

Observations: _____
_____
_____
_____
_____
_____
_____

Harvest Log

_____	_____
_____	_____
_____	_____
_____	_____

Notes: _____
_____
_____

July 27

To Do

- [ ]
- [ ]
- [ ]
- [ ]
- [ ]
- [ ]
- [ ]
- [ ]

Observations:

Harvest Log

Notes:

July 28

To Do

- [ ] _____
- [ ] _____
- [ ] _____
- [ ] _____
- [ ] _____
- [ ] _____
- [ ] _____
- [ ] _____

Observations: _____

Harvest Log

Notes: _____

July 29

To Do

- [ ]
- [ ]
- [ ]
- [ ]
- [ ]
- [ ]
- [ ]
- [ ]

Observations: _____

> "A weed is no more than a flower in disguise."
> —James Russell Lowell

Harvest Log

Notes: _____

July 30

To Do

- [ ] _____
- [ ] _____
- [ ] _____
- [ ] _____
- [ ] _____
- [ ] _____
- [ ] _____
- [ ] _____

Observations: _____

Harvest Log

Notes: _____

July 31

To Do

☐ _____
☐ _____
☐ _____
☐ _____
☐ _____
☐ _____
☐ _____
☐ _____

Observations: _____
_____
_____
_____
_____
_____
_____

Harvest Log

_____   _____
_____   _____
_____   _____
_____   _____
_____   _____

Notes: _____
_____
_____

August

August 1

To Do

- [ ]
- [ ]
- [ ]
- [ ]
- [ ]
- [ ]
- [ ]
- [ ]

Observations: _____

Harvest Log

Notes: _____

August 2

To Do

- [ ] _____
- [ ] _____
- [ ] _____
- [ ] _____
- [ ] _____
- [ ] _____
- [ ] _____
- [ ] _____

Observations: _____
_____
_____
_____
_____
_____
_____

Harvest Log

_____	_____
_____	_____
_____	_____
_____	_____

Notes: _____
_____
_____

August 3

To Do

- [ ] _____
- [ ] _____
- [ ] _____
- [ ] _____
- [ ] _____
- [ ] _____
- [ ] _____
- [ ] _____

Observations: _____

_____
_____
_____
_____
_____
_____

Harvest Log

_____ _____
_____ _____
_____ _____
_____ _____
_____ _____

Notes: _____
_____
_____

August 4

To Do

- [ ] _____
- [ ] _____
- [ ] _____
- [ ] _____
- [ ] _____
- [ ] _____
- [ ] _____
- [ ] _____

Observations: _____

Tip
Make sure that you plant fall vegetables early enough that they will have time to produce before the first frost.

Harvest Log

Notes: _____

August 5

To Do

- [ ] _____
- [ ] _____
- [ ] _____
- [ ] _____
- [ ] _____
- [ ] _____
- [ ] _____
- [ ] _____

Observations: _____

Harvest Log

Notes: _____

August 6

To Do

- [ ] _____
- [ ] _____
- [ ] _____
- [ ] _____
- [ ] _____
- [ ] _____
- [ ] _____
- [ ] _____

Observations: _____

Harvest Log

Notes: _____

August 7

To Do

- [ ] _____
- [ ] _____
- [ ] _____
- [ ] _____
- [ ] _____
- [ ] _____
- [ ] _____
- [ ] _____

Observations: _____

Tip
Check plants thoroughly for hidden vegetables when harvesting.

Harvest Log

Notes: _____

August 8

To Do

- [ ] _____
- [ ] _____
- [ ] _____
- [ ] _____
- [ ] _____
- [ ] _____
- [ ] _____
- [ ] _____

Observations: _____
_____
_____
_____
_____
_____
_____

Harvest Log

_____   _____
_____   _____
_____   _____
_____   _____
_____   _____

Notes: _____
_____
_____

August 9

To Do

- [ ]
- [ ]
- [ ]
- [ ]
- [ ]
- [ ]
- [ ]
- [ ]

Observations: _____

Harvest Log

Notes: _____

August 10

To Do

- [ ] _____
- [ ] _____
- [ ] _____
- [ ] _____
- [ ] _____
- [ ] _____
- [ ] _____
- [ ] _____

Observations: _____
_____
_____
_____
_____
_____

Harvest Log

_____   _____
_____   _____
_____   _____
_____   _____

Notes: _____
_____
_____

August 11

To Do

- [ ]
- [ ]
- [ ]
- [ ]
- [ ]
- [ ]
- [ ]
- [ ]

Observations: _____

Harvest Log

Notes: _____

August 12

To Do

- [ ] _____
- [ ] _____
- [ ] _____
- [ ] _____
- [ ] _____
- [ ] _____
- [ ] _____
- [ ] _____

Observations: _____
_____
_____
_____
_____
_____
_____

Harvest Log

_____	_____
_____	_____
_____	_____
_____	_____

Notes: _____
_____
_____

August 13

To Do

- [ ] _____
- [ ] _____
- [ ] _____
- [ ] _____
- [ ] _____
- [ ] _____
- [ ] _____
- [ ] _____

Observations: _____

Harvest Log

Notes: _____

August 14

To Do

☐ _____
☐ _____
☐ _____
☐ _____
☐ _____
☐ _____
☐ _____
☐ _____

Observations: _____

> "To write as one should of a garden one must write not outside it or merely somewhere near it, but in the garden."
> —Frances Hodgson Burnett

Harvest Log

Notes: _____

August 15

To Do

- [ ] _____
- [ ] _____
- [ ] _____
- [ ] _____
- [ ] _____
- [ ] _____
- [ ] _____
- [ ] _____

Observations: _____

_____
_____
_____
_____
_____
_____

Harvest Log

_____   _____
_____   _____
_____   _____
_____   _____
_____   _____

Notes: _____

_____
_____

August 16

To Do

- [ ] _____
- [ ] _____
- [ ] _____
- [ ] _____
- [ ] _____
- [ ] _____
- [ ] _____
- [ ] _____

Observations: _____

_____

_____

_____

_____

_____

_____

Harvest Log

_____	_____
_____	_____
_____	_____
_____	_____
_____	_____

Notes: _____

_____

_____

August 17

To Do
- [ ]
- [ ]
- [ ]
- [ ]
- [ ]
- [ ]
- [ ]
- [ ]

Observations: _____

Tip
The more frequently you turn your compost pile, the faster it will compost.

Harvest Log

Notes: _____

August 18

To Do

- [ ] _____
- [ ] _____
- [ ] _____
- [ ] _____
- [ ] _____
- [ ] _____
- [ ] _____
- [ ] _____

Observations: _____

Harvest Log

Notes: _____

August 19

To Do

- [ ]
- [ ]
- [ ]
- [ ]
- [ ]
- [ ]
- [ ]
- [ ]

Observations: _____

Harvest Log

Notes: _____

August 20

To Do

- [ ] _____
- [ ] _____
- [ ] _____
- [ ] _____
- [ ] _____
- [ ] _____
- [ ] _____
- [ ] _____

Observations: _____
_____
_____
_____
_____
_____
_____

Harvest Log

_____	_____
_____	_____
_____	_____
_____	_____

Notes: _____
_____
_____

August 21

To Do

- [ ] _____
- [ ] _____
- [ ] _____
- [ ] _____
- [ ] _____
- [ ] _____
- [ ] _____
- [ ] _____

Observations: _____

_____
_____
_____
_____
_____
_____

Harvest Log

_____   _____
_____   _____
_____   _____
_____   _____
_____   _____

Notes: _____

_____
_____

August 22

To Do

- [ ] _____
- [ ] _____
- [ ] _____
- [ ] _____
- [ ] _____
- [ ] _____
- [ ] _____
- [ ] _____

Observations: _____

Harvest Log

Notes: _____

August 23

To Do

- [ ] _____
- [ ] _____
- [ ] _____
- [ ] _____
- [ ] _____
- [ ] _____
- [ ] _____
- [ ] _____

Observations: _____

Harvest Log

Notes: _____

August 24

To Do

- [ ] _____
- [ ] _____
- [ ] _____
- [ ] _____
- [ ] _____
- [ ] _____
- [ ] _____
- [ ] _____

Observations: _____

> **Tip**
> You might find it useful and interesting to take pictures of your garden for future reference.

Harvest Log

Notes: _____

August 25

To Do

- [ ] _____
- [ ] _____
- [ ] _____
- [ ] _____
- [ ] _____
- [ ] _____
- [ ] _____
- [ ] _____

Observations: _____

Harvest Log

Notes: _____

August 26

To Do

- [ ] _____
- [ ] _____
- [ ] _____
- [ ] _____
- [ ] _____
- [ ] _____
- [ ] _____
- [ ] _____

Observations: _____
_____
_____
_____
_____
_____

Harvest Log

_____	_____
_____	_____
_____	_____
_____	_____

Notes: _____
_____
_____

August 27

To Do

- [ ]
- [ ]
- [ ]
- [ ]
- [ ]
- [ ]
- [ ]
- [ ]
- [ ]

Observations:

> "Where gardening is done all sorts of delightful things to eat are turned up with the soil."
> —Frances Hodgson Burnett, *The Secret Garden*

Harvest Log

Notes:

August 28

To Do

- [ ] _____
- [ ] _____
- [ ] _____
- [ ] _____
- [ ] _____
- [ ] _____
- [ ] _____
- [ ] _____

Observations: _____
_____
_____
_____
_____
_____
_____

Harvest Log

_____	_____
_____	_____
_____	_____
_____	_____

Notes: _____
_____
_____

August 29

To Do

- [ ] _____
- [ ] _____
- [ ] _____
- [ ] _____
- [ ] _____
- [ ] _____
- [ ] _____
- [ ] _____

Observations: _____

_____
_____
_____
_____
_____
_____

Harvest Log

_____	_____
_____	_____
_____	_____
_____	_____
_____	_____

Notes: _____
_____
_____

August 30

To Do

- [ ] _____
- [ ] _____
- [ ] _____
- [ ] _____
- [ ] _____
- [ ] _____
- [ ] _____
- [ ] _____

Observations: _____
_____
_____
_____
_____
_____
_____

Harvest Log

_____	_____
_____	_____
_____	_____
_____	_____

Notes: _____
_____
_____

August 31

To Do

- [ ]
- [ ]
- [ ]
- [ ]
- [ ]
- [ ]
- [ ]
- [ ]

Observations: _____

_____

Harvest Log

Notes: _____

September

September 1

To Do

- [ ] _____
- [ ] _____
- [ ] _____
- [ ] _____
- [ ] _____
- [ ] _____
- [ ] _____
- [ ] _____

Observations: _____

_____
_____
_____
_____
_____
_____

Harvest Log

Notes: _____

September 2

To Do

- [ ] _____
- [ ] _____
- [ ] _____
- [ ] _____
- [ ] _____
- [ ] _____
- [ ] _____
- [ ] _____

Observations: _____

Tip
Save seeds from your favorite plants in a labeled envelope, seed packet, or paper bag.

Harvest Log

Notes: _____

September 3

To Do

- [ ] _____
- [ ] _____
- [ ] _____
- [ ] _____
- [ ] _____
- [ ] _____
- [ ] _____
- [ ] _____

Observations: _____

_____
_____
_____
_____
_____

Harvest Log

_____   _____
_____   _____
_____   _____
_____   _____
_____   _____

Notes: _____
_____
_____

September 4

To Do

☐ _____
☐ _____
☐ _____
☐ _____
☐ _____
☐ _____
☐ _____
☐ _____

Observations: _____
_____
_____
_____
_____
_____
_____

Harvest Log

_____   _____
_____   _____
_____   _____
_____   _____
_____   _____

Notes: _____
_____
_____

September 5

To Do
- [ ] _____
- [ ] _____
- [ ] _____
- [ ] _____
- [ ] _____
- [ ] _____
- [ ] _____
- [ ] _____

Observations: _____

Harvest Log

Notes: _____

September 6

To Do

- [ ] _____
- [ ] _____
- [ ] _____
- [ ] _____
- [ ] _____
- [ ] _____
- [ ] _____
- [ ] _____

Observations: _____
_____
_____
_____
_____
_____

Harvest Log

_____   _____
_____   _____
_____   _____
_____   _____

Notes: _____
_____
_____

September 7

To Do

- [ ] _____
- [ ] _____
- [ ] _____
- [ ] _____
- [ ] _____
- [ ] _____
- [ ] _____
- [ ] _____

Observations: _____

Tip
Consider purchasing a cover crop from your favorite seed company to improve your garden soil.

Harvest Log

Notes: _____

September 8

To Do

- [ ] _____
- [ ] _____
- [ ] _____
- [ ] _____
- [ ] _____
- [ ] _____
- [ ] _____
- [ ] _____

Observations: _____
_____
_____
_____
_____
_____
_____

Harvest Log

_____	_____
_____	_____
_____	_____
_____	_____

Notes: _____
_____
_____

September 9

To Do

- [ ]
- [ ]
- [ ]
- [ ]
- [ ]
- [ ]
- [ ]
- [ ]

Observations: _____

Harvest Log

Notes: _____

September 10

To Do

- [ ] _____
- [ ] _____
- [ ] _____
- [ ] _____
- [ ] _____
- [ ] _____
- [ ] _____
- [ ] _____

Observations: _____
_____
_____
_____
_____
_____
_____

Harvest Log

_____	_____
_____	_____
_____	_____
_____	_____

Notes: _____
_____
_____

September 11

To Do

- [ ]
- [ ]
- [ ]
- [ ]
- [ ]
- [ ]
- [ ]
- [ ]

Observations: _____

Harvest Log

Notes: _____

September 12

To Do

- [ ] _____
- [ ] _____
- [ ] _____
- [ ] _____
- [ ] _____
- [ ] _____
- [ ] _____
- [ ] _____

Observations: _____

> "A purchased vegetable is never the same as one taken from a man's own soil and representing his own effort and solicitude."
> —L.H. Bailey, *Manual of Gardening*

Harvest Log

Notes: _____

September 13

To Do

- [ ]
- [ ]
- [ ]
- [ ]
- [ ]
- [ ]
- [ ]
- [ ]

Observations:

Harvest Log

Notes:

September 14

To Do

- [ ] _____
- [ ] _____
- [ ] _____
- [ ] _____
- [ ] _____
- [ ] _____
- [ ] _____
- [ ] _____

Observations: _____
_____
_____
_____
_____
_____
_____

Harvest Log

_____   _____
_____   _____
_____   _____
_____   _____

Notes: _____
_____
_____

September 15

To Do

- [ ] _____
- [ ] _____
- [ ] _____
- [ ] _____
- [ ] _____
- [ ] _____
- [ ] _____
- [ ] _____

Observations: _____

Harvest Log

Notes: _____

September 16

To Do

- [ ] _____
- [ ] _____
- [ ] _____
- [ ] _____
- [ ] _____
- [ ] _____
- [ ] _____
- [ ] _____

Observations: _____
_____
_____
_____
_____
_____
_____

Harvest Log

Notes: _____
_____
_____

September 17

To Do
- ☐ _____
- ☐ _____
- ☐ _____
- ☐ _____
- ☐ _____
- ☐ _____
- ☐ _____
- ☐ _____

Observations: _____

Tip
Consider setting aside a few plants to overwinter in pots in the house or with a straw or plastic cover in the garden.

Harvest Log

Notes: _____

September 18

To Do

- [ ] _____
- [ ] _____
- [ ] _____
- [ ] _____
- [ ] _____
- [ ] _____
- [ ] _____
- [ ] _____

Observations: _____
_____
_____
_____
_____
_____
_____

Harvest Log

_____	_____
_____	_____
_____	_____
_____	_____

Notes: _____
_____
_____

September 19

To Do

- [ ]
- [ ]
- [ ]
- [ ]
- [ ]
- [ ]
- [ ]
- [ ]

Observations: _____

Harvest Log

Notes: _____

September 20

To Do

- [ ] _____
- [ ] _____
- [ ] _____
- [ ] _____
- [ ] _____
- [ ] _____
- [ ] _____
- [ ] _____

Observations: _____
_____
_____
_____
_____
_____
_____

Harvest Log

_____	_____
_____	_____
_____	_____
_____	_____
_____	_____

Notes: _____
_____
_____

September 21

To Do

- [ ]
- [ ]
- [ ]
- [ ]
- [ ]
- [ ]
- [ ]
- [ ]

Observations:

Harvest Log

Notes:

September 22

To Do

- [ ] _____
- [ ] _____
- [ ] _____
- [ ] _____
- [ ] _____
- [ ] _____
- [ ] _____
- [ ] _____

Observations: _____
_____
_____
_____
_____
_____

Tip
Keep an eye out for mice in your garden and storage areas.

Harvest Log

_____   _____
_____   _____
_____   _____
_____   _____

Notes: _____
_____
_____

September 23

To Do

- [ ] _____
- [ ] _____
- [ ] _____
- [ ] _____
- [ ] _____
- [ ] _____
- [ ] _____
- [ ] _____

Observations: _____

_____

_____

_____

_____

_____

_____

Harvest Log

_____   _____

_____   _____

_____   _____

_____   _____

_____   _____

Notes: _____

_____

_____

September 24

To Do

- [ ] _____
- [ ] _____
- [ ] _____
- [ ] _____
- [ ] _____
- [ ] _____
- [ ] _____
- [ ] _____

Observations: _____
_____
_____
_____
_____
_____
_____

Harvest Log

_____   _____
_____   _____
_____   _____
_____   _____
_____   _____

Notes: _____
_____
_____

September 25

To Do

- [ ] _____
- [ ] _____
- [ ] _____
- [ ] _____
- [ ] _____
- [ ] _____
- [ ] _____
- [ ] _____

Observations: _____
_____
_____
_____
_____
_____
_____

Harvest Log

_____	_____
_____	_____
_____	_____
_____	_____
_____	_____

Notes: _____
_____
_____

September 26

To Do

- [ ] _____
- [ ] _____
- [ ] _____
- [ ] _____
- [ ] _____
- [ ] _____
- [ ] _____
- [ ] _____

Observations: _____

_____

_____

_____

_____

_____

Harvest Log

Notes: _____

_____

_____

September 27

To Do

- [ ]
- [ ]
- [ ]
- [ ]
- [ ]
- [ ]
- [ ]
- [ ]

Observations: _____

> "What is a weed? A plant whose virtues have not yet been discovered."
> —Ralph Waldo Emerson

Harvest Log

Notes: _____

September 28

To Do

- [ ] _____
- [ ] _____
- [ ] _____
- [ ] _____
- [ ] _____
- [ ] _____
- [ ] _____
- [ ] _____

Observations: _____
_____
_____
_____
_____
_____
_____

Harvest Log

_____	_____
_____	_____
_____	_____
_____	_____
_____	_____

Notes: _____
_____
_____

September 29

To Do

- [ ] _____
- [ ] _____
- [ ] _____
- [ ] _____
- [ ] _____
- [ ] _____
- [ ] _____
- [ ] _____

Observations: _____

Harvest Log

Notes: _____

September 30

To Do

- [ ] _____
- [ ] _____
- [ ] _____
- [ ] _____
- [ ] _____
- [ ] _____
- [ ] _____
- [ ] _____

Observations: _____
_____
_____
_____
_____
_____
_____

Harvest Log

_____	_____
_____	_____
_____	_____
_____	_____

Notes: _____
_____
_____

October

October 1

To Do

- [ ] _____
- [ ] _____
- [ ] _____
- [ ] _____
- [ ] _____
- [ ] _____
- [ ] _____
- [ ] _____

Observations: _____

Harvest Log

Notes: _____

October 2

To Do

- [ ] _____
- [ ] _____
- [ ] _____
- [ ] _____
- [ ] _____
- [ ] _____
- [ ] _____
- [ ] _____

Observations: _____

Tip
Harvest most of your warm-season produce before the first frost arrives.

Harvest Log

Notes: _____

October 3

To Do

- [ ] _____
- [ ] _____
- [ ] _____
- [ ] _____
- [ ] _____
- [ ] _____
- [ ] _____
- [ ] _____

Observations: _____

_____
_____
_____
_____
_____
_____

Harvest Log

Notes: _____

October 4

To Do

- [ ] _____
- [ ] _____
- [ ] _____
- [ ] _____
- [ ] _____
- [ ] _____
- [ ] _____
- [ ] _____

Observations: _____
_____
_____
_____
_____
_____
_____

Harvest Log

_____	_____
_____	_____
_____	_____
_____	_____
_____	_____

Notes: _____
_____
_____

October 5

To Do

- [ ]
- [ ]
- [ ]
- [ ]
- [ ]
- [ ]
- [ ]
- [ ]

Observations:

Harvest Log

Notes:

October 6

To Do

- [ ] _____
- [ ] _____
- [ ] _____
- [ ] _____
- [ ] _____
- [ ] _____
- [ ] _____
- [ ] _____

Observations: _____

Harvest Log

Notes: _____

October 7

To Do

- [ ] _____
- [ ] _____
- [ ] _____
- [ ] _____
- [ ] _____
- [ ] _____
- [ ] _____
- [ ] _____

Observations: _____

Tip
If using a plastic cover for frost protection, do not allow the plants to touch the plastic or they will freeze.

Harvest Log

Notes: _____

October 8

To Do

- [ ] _____
- [ ] _____
- [ ] _____
- [ ] _____
- [ ] _____
- [ ] _____
- [ ] _____
- [ ] _____

Observations: _____
_____
_____
_____
_____
_____
_____

Harvest Log

_____	_____
_____	_____
_____	_____
_____	_____

Notes: _____
_____
_____

October 9

To Do

- [ ] _____
- [ ] _____
- [ ] _____
- [ ] _____
- [ ] _____
- [ ] _____
- [ ] _____
- [ ] _____

Observations: _____
_____
_____
_____
_____
_____
_____
_____

Harvest Log

Notes: _____
_____
_____

October 10

To Do

- [ ] _____
- [ ] _____
- [ ] _____
- [ ] _____
- [ ] _____
- [ ] _____
- [ ] _____
- [ ] _____

Observations: _____

Harvest Log

Notes: _____

October 11

To Do

- [ ] _____
- [ ] _____
- [ ] _____
- [ ] _____
- [ ] _____
- [ ] _____
- [ ] _____
- [ ] _____

Observations: _____

Harvest Log

Notes: _____

October 12

To Do

- [ ] _____
- [ ] _____
- [ ] _____
- [ ] _____
- [ ] _____
- [ ] _____
- [ ] _____
- [ ] _____

Observations: _____

> "If you have a garden and a library, you have everything you need."
> —Marcus Tullius Cicero

Harvest Log

Notes: _____

October 13

To Do

- [ ] _____
- [ ] _____
- [ ] _____
- [ ] _____
- [ ] _____
- [ ] _____
- [ ] _____
- [ ] _____

Observations: _____

Harvest Log

Notes: _____

October 14

To Do

- [ ] _____
- [ ] _____
- [ ] _____
- [ ] _____
- [ ] _____
- [ ] _____
- [ ] _____
- [ ] _____

Observations: _____
_____
_____
_____
_____
_____

Harvest Log

_____   _____
_____   _____
_____   _____
_____   _____

Notes: _____
_____
_____

October 15

To Do

- [ ]
- [ ]
- [ ]
- [ ]
- [ ]
- [ ]
- [ ]
- [ ]

Observations: _____

Harvest Log

Notes: _____

October 16

To Do

☐ _____
☐ _____
☐ _____
☐ _____
☐ _____
☐ _____
☐ _____
☐ _____

Observations: _____
_____
_____
_____
_____
_____
_____

Harvest Log

_____   _____
_____   _____
_____   _____
_____   _____

Notes: _____
_____
_____

October 17

To Do

- [ ] _____
- [ ] _____
- [ ] _____
- [ ] _____
- [ ] _____
- [ ] _____
- [ ] _____
- [ ] _____

Observations: _____

Tip
Fallen leaves make an excellent mulch.

Harvest Log

Notes: _____

October 18

To Do

- [ ] _____
- [ ] _____
- [ ] _____
- [ ] _____
- [ ] _____
- [ ] _____
- [ ] _____
- [ ] _____

Observations: _____

Harvest Log

Notes: _____

October 19

To Do

- [ ] _____
- [ ] _____
- [ ] _____
- [ ] _____
- [ ] _____
- [ ] _____
- [ ] _____
- [ ] _____

Observations: _____

Harvest Log

Notes: _____

October 20

To Do

- [ ] _____
- [ ] _____
- [ ] _____
- [ ] _____
- [ ] _____
- [ ] _____
- [ ] _____
- [ ] _____

Observations: _____
_____
_____
_____
_____
_____
_____

Harvest Log

_____	_____
_____	_____
_____	_____
_____	_____

Notes: _____
_____
_____

October 21

To Do

- [ ] _____
- [ ] _____
- [ ] _____
- [ ] _____
- [ ] _____
- [ ] _____
- [ ] _____
- [ ] _____

Observations: _____

Harvest Log

Notes: _____

October 22

To Do

- [ ] _____
- [ ] _____
- [ ] _____
- [ ] _____
- [ ] _____
- [ ] _____
- [ ] _____
- [ ] _____

Observations: _____
_____
_____

> **Tip**
> Chop up large plant stems before composting so that they will decay quicker.

Harvest Log

_____   _____
_____   _____
_____   _____
_____   _____
_____   _____

Notes: _____
_____
_____

October 23

To Do

- [ ] _____
- [ ] _____
- [ ] _____
- [ ] _____
- [ ] _____
- [ ] _____
- [ ] _____
- [ ] _____

Observations: _____

_____
_____
_____
_____
_____
_____

Harvest Log

Notes: _____

October 24

To Do

- [ ] _____
- [ ] _____
- [ ] _____
- [ ] _____
- [ ] _____
- [ ] _____
- [ ] _____
- [ ] _____

Observations: _____
_____
_____
_____
_____
_____
_____

Harvest Log

_____	_____
_____	_____
_____	_____
_____	_____
_____	_____

Notes: _____
_____
_____

October 25

To Do

- [ ] _____
- [ ] _____
- [ ] _____
- [ ] _____
- [ ] _____
- [ ] _____
- [ ] _____
- [ ] _____

Observations: _____

Harvest Log

Notes: _____

October 26

To Do

- [ ] _____
- [ ] _____
- [ ] _____
- [ ] _____
- [ ] _____
- [ ] _____
- [ ] _____
- [ ] _____

Observations: _____
_____
_____
_____
_____
_____
_____

Harvest Log

_____   _____
_____   _____
_____   _____
_____   _____

Notes: _____
_____
_____

October 27

To Do
- [ ] _____
- [ ] _____
- [ ] _____
- [ ] _____
- [ ] _____
- [ ] _____
- [ ] _____
- [ ] _____

Observations: _____

> "She went out into the garden as quickly as possible, and the first thing she did was to run round and round the fountain flower garden ten times. She counted the times carefully and when she had finished she felt in better spirits."
> —Frances Hodgson Burnett, *The Secret Garden*

Harvest Log

Notes:

October 28

To Do

- [ ] _____
- [ ] _____
- [ ] _____
- [ ] _____
- [ ] _____
- [ ] _____
- [ ] _____
- [ ] _____

Observations: _____
_____
_____
_____
_____
_____

Harvest Log

Notes: _____
_____
_____

October 29

To Do

- [ ]
- [ ]
- [ ]
- [ ]
- [ ]
- [ ]
- [ ]
- [ ]

Observations:

Harvest Log

Notes:

October 30

To Do

- [ ] _____
- [ ] _____
- [ ] _____
- [ ] _____
- [ ] _____
- [ ] _____
- [ ] _____
- [ ] _____

Observations: _____
_____
_____
_____
_____
_____
_____

Harvest Log

_____	_____
_____	_____
_____	_____
_____	_____

Notes: _____
_____
_____

October 31

To Do

- ☐ _____
- ☐ _____
- ☐ _____
- ☐ _____
- ☐ _____
- ☐ _____
- ☐ _____
- ☐ _____

Observations: _____

Harvest Log

Notes: _____

November

November 1

To Do

- [ ]
- [ ]
- [ ]
- [ ]
- [ ]
- [ ]
- [ ]
- [ ]

Observations: _____

Harvest Log

Notes: _____

November 2

To Do

- [ ] _____
- [ ] _____
- [ ] _____
- [ ] _____
- [ ] _____
- [ ] _____
- [ ] _____
- [ ] _____

Observations: _____

Tip
Test your soil pH and fertility annually to monitor the health of your garden.

Harvest Log

Notes: _____

November 3

To Do

- [ ]
- [ ]
- [ ]
- [ ]
- [ ]
- [ ]
- [ ]
- [ ]

Observations:

Harvest Log

Notes:

November 4

To Do

- [ ] _____
- [ ] _____
- [ ] _____
- [ ] _____
- [ ] _____
- [ ] _____
- [ ] _____
- [ ] _____

Observations: _____

Harvest Log

Notes: _____

November 5

To Do

- [ ]
- [ ]
- [ ]
- [ ]
- [ ]
- [ ]
- [ ]
- [ ]

Observations: _____

Tip
Some root crop seedlings can be overwintered in the garden if they are buried in a thick layer of straw; they will resume growing in the spring.

Harvest Log

Notes: _____

November 6

To Do

- [ ] _____
- [ ] _____
- [ ] _____
- [ ] _____
- [ ] _____
- [ ] _____
- [ ] _____
- [ ] _____

Observations: _____
_____
_____
_____
_____
_____
_____

Harvest Log

_____	_____
_____	_____
_____	_____
_____	_____
_____	_____

Notes: _____
_____
_____

November 7

To Do

- ☐ _____
- ☐ _____
- ☐ _____
- ☐ _____
- ☐ _____
- ☐ _____
- ☐ _____
- ☐ _____

Observations: _____

Harvest Log

Notes: _____

November 8

To Do

☐ _____
☐ _____
☐ _____
☐ _____
☐ _____
☐ _____
☐ _____
☐ _____

Observations: _____
_____
_____
_____
_____
_____
_____

Harvest Log

_____	_____
_____	_____
_____	_____
_____	_____

Notes: _____
_____
_____

November 9

To Do

- [ ]
- [ ]
- [ ]
- [ ]
- [ ]
- [ ]
- [ ]
- [ ]

Observations:

Harvest Log

Notes:

November 10

To Do

- [ ] _____
- [ ] _____
- [ ] _____
- [ ] _____
- [ ] _____
- [ ] _____
- [ ] _____
- [ ] _____

Observations: _____
_____
_____
_____
_____
_____

Harvest Log

_____	_____
_____	_____
_____	_____
_____	_____

Notes: _____
_____
_____

November 11

To Do

- [ ]
- [ ]
- [ ]
- [ ]
- [ ]
- [ ]
- [ ]
- [ ]

Observations: _____

Harvest Log

Notes: _____

404

November 12

To Do

- [ ] _____
- [ ] _____
- [ ] _____
- [ ] _____
- [ ] _____
- [ ] _____
- [ ] _____
- [ ] _____

Observations: _____

_____

_____

> "Though an old man I am but a young gardener."
> —Thomas Jefferson

Harvest Log

Notes: _____

_____

November 13

To Do

- [ ]
- [ ]
- [ ]
- [ ]
- [ ]
- [ ]
- [ ]
- [ ]

Observations: _____

Harvest Log

Notes:

November 14

To Do

- [ ] _____
- [ ] _____
- [ ] _____
- [ ] _____
- [ ] _____
- [ ] _____
- [ ] _____
- [ ] _____

Observations: _____
_____
_____
_____
_____
_____
_____

Harvest Log

_____	_____
_____	_____
_____	_____
_____	_____

Notes: _____
_____
_____

November 15

To Do

- [ ] _____
- [ ] _____
- [ ] _____
- [ ] _____
- [ ] _____
- [ ] _____
- [ ] _____
- [ ] _____

Observations: _____
_____

Tip
Once the growing season is over, take some time to review your records and add anything you want to remember for next year.

Harvest Log

Notes: _____

November 16

To Do

- [ ]
- [ ]
- [ ]
- [ ]
- [ ]
- [ ]
- [ ]
- [ ]

Observations: _____

Harvest Log

Notes: _____

November 17

To Do

- [ ]
- [ ]
- [ ]
- [ ]
- [ ]
- [ ]
- [ ]
- [ ]

Observations:

Harvest Log

Notes:

November 18

To Do

- [ ] _____
- [ ] _____
- [ ] _____
- [ ] _____
- [ ] _____
- [ ] _____
- [ ] _____
- [ ] _____

Observations: _____
_____
_____
_____
_____
_____
_____

Harvest Log

_____	_____
_____	_____
_____	_____
_____	_____

Notes: _____
_____
_____

November 19

To Do

- [ ] _____
- [ ] _____
- [ ] _____
- [ ] _____
- [ ] _____
- [ ] _____
- [ ] _____
- [ ] _____

Observations: _____

Harvest Log

Notes: _____

November 20

To Do

- [ ] _____
- [ ] _____
- [ ] _____
- [ ] _____
- [ ] _____
- [ ] _____
- [ ] _____
- [ ] _____

Observations: _____
_____
_____
_____
_____
_____
_____

Harvest Log

_____   _____
_____   _____
_____   _____
_____   _____

Notes: _____
_____
_____

November 21

To Do

- [ ]
- [ ]
- [ ]
- [ ]
- [ ]
- [ ]
- [ ]
- [ ]

Observations:

Harvest Log

Notes:

November 22

To Do

- [ ] _____
- [ ] _____
- [ ] _____
- [ ] _____
- [ ] _____
- [ ] _____
- [ ] _____
- [ ] _____

Observations: _____

Tip
If a potted plant stops growing, it may need some fertilizer.

Harvest Log

Notes: _____

November 23

To Do

- [ ] _____
- [ ] _____
- [ ] _____
- [ ] _____
- [ ] _____
- [ ] _____
- [ ] _____
- [ ] _____

Observations: _____

_____
_____
_____
_____
_____
_____

Harvest Log

_____   _____
_____   _____
_____   _____
_____   _____
_____   _____

Notes: _____

_____
_____

November 24

To Do

- [ ] _____
- [ ] _____
- [ ] _____
- [ ] _____
- [ ] _____
- [ ] _____
- [ ] _____
- [ ] _____

Observations: _____
_____
_____
_____
_____
_____
_____

Harvest Log

_____	_____
_____	_____
_____	_____
_____	_____

Notes: _____
_____
_____

November 25

To Do

- [ ] _____
- [ ] _____
- [ ] _____
- [ ] _____
- [ ] _____
- [ ] _____
- [ ] _____
- [ ] _____
- [ ] _____

Observations: _____

> "If you have never had a garden you cannot understand, and if you have had a garden you will know that it would take a whole book to describe all that came to pass there."
> —Frances Hodgson Burnett, *The Secret Garden*

Harvest Log

Notes: _____

November 26

To Do

- [ ] _____
- [ ] _____
- [ ] _____
- [ ] _____
- [ ] _____
- [ ] _____
- [ ] _____
- [ ] _____

Observations: _____
_____
_____
_____
_____
_____
_____

Harvest Log

_____	_____
_____	_____
_____	_____
_____	_____

Notes: _____
_____
_____

November 27

To Do

- [ ] _____
- [ ] _____
- [ ] _____
- [ ] _____
- [ ] _____
- [ ] _____
- [ ] _____
- [ ] _____

Observations: _____

Harvest Log

Notes: _____

November 28

To Do

- [ ] _____
- [ ] _____
- [ ] _____
- [ ] _____
- [ ] _____
- [ ] _____
- [ ] _____
- [ ] _____

Observations: _____
_____
_____
_____
_____
_____

Harvest Log

_____	_____
_____	_____
_____	_____
_____	_____
_____	_____

Notes: _____
_____
_____

November 29

To Do

- [ ] _____
- [ ] _____
- [ ] _____
- [ ] _____
- [ ] _____
- [ ] _____
- [ ] _____
- [ ] _____

Observations: _____

Harvest Log

Notes: _____

November 30

To Do

- [ ] _____
- [ ] _____
- [ ] _____
- [ ] _____
- [ ] _____
- [ ] _____
- [ ] _____
- [ ] _____

Observations: _____
_____
_____
_____
_____
_____

Harvest Log

_____   _____
_____   _____
_____   _____
_____   _____

Notes: _____
_____
_____

December

December 1

To Do

- [ ] _____
- [ ] _____
- [ ] _____
- [ ] _____
- [ ] _____
- [ ] _____
- [ ] _____
- [ ] _____

Observations: _____
_____
_____
_____
_____
_____
_____

Harvest Log

_____	_____
_____	_____
_____	_____
_____	_____
_____	_____

Notes: _____
_____
_____

December 2

To Do

- [ ] _____
- [ ] _____
- [ ] _____
- [ ] _____
- [ ] _____
- [ ] _____
- [ ] _____
- [ ] _____

Observations: _____
_____
_____
_____
_____
_____
_____
_____

Tip
Consider preserving your best garden offerings and using them as Christmas gifts.

Harvest Log

_____   _____
_____   _____
_____   _____
_____   _____
_____   _____

Notes: _____
_____
_____

December 3

To Do

- [ ]
- [ ]
- [ ]
- [ ]
- [ ]
- [ ]
- [ ]
- [ ]

Observations: _____

_____

Harvest Log

Notes: _____

December 4

To Do

- [ ] _____
- [ ] _____
- [ ] _____
- [ ] _____
- [ ] _____
- [ ] _____
- [ ] _____
- [ ] _____

Observations: _____
_____
_____
_____
_____
_____

Harvest Log

_____   _____
_____   _____
_____   _____
_____   _____
_____   _____

Notes: _____
_____
_____

December 5

To Do

- [ ] _____
- [ ] _____
- [ ] _____
- [ ] _____
- [ ] _____
- [ ] _____
- [ ] _____
- [ ] _____

Observations: _____

> **Tip**
> Seeds make an excellent gift for a fellow gardener.

Harvest Log

Notes: _____

December 6

To Do

- [ ] _____
- [ ] _____
- [ ] _____
- [ ] _____
- [ ] _____
- [ ] _____
- [ ] _____
- [ ] _____

Observations: _____

_____

_____

_____

_____

_____

_____

Harvest Log

Notes: _____

_____

_____

December 7

To Do

- [ ] _____
- [ ] _____
- [ ] _____
- [ ] _____
- [ ] _____
- [ ] _____
- [ ] _____
- [ ] _____

Observations: _____

Harvest Log

Notes: _____

December 8

To Do

- [ ] _____
- [ ] _____
- [ ] _____
- [ ] _____
- [ ] _____
- [ ] _____
- [ ] _____
- [ ] _____

Observations: _____

Harvest Log

Notes: _____

December 9

To Do

- [ ]
- [ ]
- [ ]
- [ ]
- [ ]
- [ ]
- [ ]
- [ ]

Observations: _____

Harvest Log

Notes: _____

December 10

To Do

- [ ] _____
- [ ] _____
- [ ] _____
- [ ] _____
- [ ] _____
- [ ] _____
- [ ] _____
- [ ] _____

Observations: _____
_____
_____
_____
_____
_____
_____

Harvest Log

_____	_____
_____	_____
_____	_____
_____	_____
_____	_____

Notes: _____
_____
_____

December 11

To Do

- [ ] _____
- [ ] _____
- [ ] _____
- [ ] _____
- [ ] _____
- [ ] _____
- [ ] _____
- [ ] _____

Observations: _____
_____
_____
_____
_____
_____
_____
_____

Harvest Log

Notes: _____

December 12

To Do

- [ ] _____
- [ ] _____
- [ ] _____
- [ ] _____
- [ ] _____
- [ ] _____
- [ ] _____
- [ ] _____
- [ ] _____

Observations: _____

> "A well-designed garden is not only a true story happening artistically but it is one that passes through a new revision each year, 'with the former translations diligently compared and revised.'"
> —George W. Cable, *The Amateur Garden*

Harvest Log

Notes: _____

December 13

To Do

- [ ] _____
- [ ] _____
- [ ] _____
- [ ] _____
- [ ] _____
- [ ] _____
- [ ] _____
- [ ] _____

Observations: _____

Harvest Log

Notes: _____

December 14

To Do

- [ ] _____
- [ ] _____
- [ ] _____
- [ ] _____
- [ ] _____
- [ ] _____
- [ ] _____
- [ ] _____

Observations: _____
_____
_____
_____
_____
_____
_____

Harvest Log

_____	_____
_____	_____
_____	_____
_____	_____
_____	_____

Notes: _____
_____
_____

December 15

To Do

☐ _____
☐ _____
☐ _____
☐ _____
☐ _____
☐ _____
☐ _____
☐ _____

Observations: _____

Tip
A colorful seed packet collage can be used to decorate cards, placemats, and other gifts.

Harvest Log

Notes: _____

December 16

To Do

- [ ] _____
- [ ] _____
- [ ] _____
- [ ] _____
- [ ] _____
- [ ] _____
- [ ] _____
- [ ] _____

Observations: _____
_____
_____
_____
_____
_____

Harvest Log

Notes: _____
_____
_____

December 17

To Do

- [ ] _____
- [ ] _____
- [ ] _____
- [ ] _____
- [ ] _____
- [ ] _____
- [ ] _____
- [ ] _____

Observations: _____
_____
_____
_____
_____
_____
_____

Harvest Log

_____	_____
_____	_____
_____	_____
_____	_____
_____	_____

Notes: _____
_____
_____

December 18

To Do

- [ ] _____
- [ ] _____
- [ ] _____
- [ ] _____
- [ ] _____
- [ ] _____
- [ ] _____
- [ ] _____

Observations: _____
_____
_____
_____
_____
_____

Harvest Log

_____   _____
_____   _____
_____   _____
_____   _____

Notes: _____
_____
_____

December 19

To Do

- [ ] _____
- [ ] _____
- [ ] _____
- [ ] _____
- [ ] _____
- [ ] _____
- [ ] _____
- [ ] _____

Observations: _____

Harvest Log

Notes: _____

December 20

To Do

☐ _____
☐ _____
☐ _____
☐ _____
☐ _____
☐ _____
☐ _____
☐ _____

Observations: _____

Harvest Log

Notes: _____

December 21

To Do

- [ ] _____
- [ ] _____
- [ ] _____
- [ ] _____
- [ ] _____
- [ ] _____
- [ ] _____
- [ ] _____

Observations: _____
_____
_____
_____
_____
_____
_____

Harvest Log

_____	_____
_____	_____
_____	_____
_____	_____
_____	_____

Notes: _____
_____
_____

December 22

To Do

- [ ] _____
- [ ] _____
- [ ] _____
- [ ] _____
- [ ] _____
- [ ] _____
- [ ] _____
- [ ] _____

Observations: _____

Tip
Use pressed flowers to decorate cards.

Harvest Log

Notes: _____

December 23

To Do

- [ ]
- [ ]
- [ ]
- [ ]
- [ ]
- [ ]
- [ ]
- [ ]

Observations:

Harvest Log

Notes:

December 24

To Do

- [ ] _____
- [ ] _____
- [ ] _____
- [ ] _____
- [ ] _____
- [ ] _____
- [ ] _____
- [ ] _____

Observations: _____
_____
_____
_____
_____
_____
_____

Harvest Log

_____	_____
_____	_____
_____	_____
_____	_____
_____	_____

Notes: _____
_____
_____

December 25

To Do

- [ ] _____
- [ ] _____
- [ ] _____
- [ ] _____
- [ ] _____
- [ ] _____
- [ ] _____
- [ ] _____

Observations: _____

> **Tip**
> Looking back through your garden journal is a great way to finish the year.

Harvest Log

Notes: _____

December 26

To Do

- [ ] _____
- [ ] _____
- [ ] _____
- [ ] _____
- [ ] _____
- [ ] _____
- [ ] _____
- [ ] _____

Observations: _____
_____
_____
_____
_____
_____
_____

Harvest Log

_____	_____
_____	_____
_____	_____
_____	_____

Notes: _____
_____
_____

December 27

To Do

- [ ] _____
- [ ] _____
- [ ] _____
- [ ] _____
- [ ] _____
- [ ] _____
- [ ] _____
- [ ] _____

Observations: _____

Harvest Log

Notes: _____

December 28

To Do

- [ ] _____
- [ ] _____
- [ ] _____
- [ ] _____
- [ ] _____
- [ ] _____
- [ ] _____
- [ ] _____

Observations: _____

_____

_____

_____

_____

_____

Harvest Log

_____	_____
_____	_____
_____	_____
_____	_____

Notes: _____

_____

_____

December 29

To Do

- [ ]
- [ ]
- [ ]
- [ ]
- [ ]
- [ ]
- [ ]
- [ ]

Observations:

Harvest Log

Notes:

December 30

To Do

- [ ] _____
- [ ] _____
- [ ] _____
- [ ] _____
- [ ] _____
- [ ] _____
- [ ] _____
- [ ] _____

Observations: _____
_____
_____
_____
_____
_____
_____

Harvest Log

_____   _____
_____   _____
_____   _____
_____   _____

Notes: _____
_____
_____

December 31

To Do

- [ ] _____
- [ ] _____
- [ ] _____
- [ ] _____
- [ ] _____
- [ ] _____
- [ ] _____
- [ ] _____
- [ ] _____

Observations: _____

Tip
Do not throw this journal away! Keep it in a handy place so that you can refer to it in future years.

Harvest Log

Notes: _____

☝ Notes for Next Year ☝

January: _____
_____
_____

February: _____
_____
_____

March: _____
_____
_____

April: _____
_____
_____

May: _____
_____
_____

June: _____
_____
_____

July: _____
_____
_____

Notes for Next Year (cont.)

August: _____
_____
_____

September: _____
_____
_____

October: _____
_____
_____

November: _____
_____
_____

December: _____
_____
_____

Miscellaneous: _____
_____
_____
_____
_____
_____

Made in the USA
Monee, IL
19 March 2025